総務大臣　武田良太秘録

大下英治

MdN新書
024

はじめに

五木寛之《いつきひろゆき》の『青春の門』の舞台となった筑豊《ちくほう》地方。昭和の前半期、九州は福岡・遠賀川《おんががわ》流域の田川《たがわ》や飯塚《いいづか》は「黒いダイヤ」を産む炭鉱町として栄えた。

敗戦後、朝鮮から地元・福岡に引《ひ》き揚《あ》げた五木は、作家として世に出るまでさまざまな職業に従事するが、一九四七（昭和二二）年から一九四八（昭和二三）年にかけ、行商のアルバイトで田川を訪れ、全国から筑豊に集まる数万を数える炭鉱労働者たちの熱気や、筑豊人の気風《きっぷ》のよさを目の当《まあ》たりにしたという。その原体験が現在も連載が続く、代表作の大ベストセラー『青春の門　筑豊篇』を描く基点になっている。

筑豊炭鉱の麻生《あそう》財閥は政界に君臨する。吉田茂《よしだしげる》総理側近の金庫番となる麻生太賀吉《たかきち》は、九州電力会長や衆議院議員を務め、吉田の孫・麻生太郎《たろう》はのち総理総裁となる。

ヤマで働く「川筋者《かわすじもの》」は、弱い者に優しく、宵越《よいご》しの金は持たない。気が荒く、男気のある者を指す。のちに武田良太《たけだりょうた》は、炭鉱主《ぬし》の末裔《まつえい》・麻生太郎と福岡政界において激しく対峙《たいじ》する。

武田は落選三回。初当選まで苦節一〇年の時を経ている。その後、苦楽を共にした妻は三六歳の若さで急逝《きゅうせい》した。

初当選から二年後の二〇〇五（平成一七）年の真夏、小泉純一郎《こいずみじゅんいちろう》総理の「郵政解散」では、かつて秘書を務めた亀井静香《かめいしずか》と共に造反組のA級戦犯と名指しされる。自民党の公認を得られず刺客《しかく》を立てられ、無所属で出馬。僅差で再選を果たした七転び八起きの政治家人生を歩んでいるのが現職・総務大臣の武田良太だ。

武田は、昭和の大物政治家の一人で内閣官房長官や自民党幹事長などを歴任した田中六助《たなかろくすけ》を伯父《おじ》に持つ名門の出である。しかしながら、伯父の死から八年が経過した二五歳の時に国政に初挑戦するが、最下位落選の辛酸《しんさん》を嘗《な》めている。

二〇一九年九月、安倍政権で国家公安委員会委員長として初入閣する。兼務した防災担当大臣として台風一五号などの自然災害、被災地対応にあたった。

二〇二〇年九月、菅《すが》政権で主要閣僚の総務大臣に抜擢《ばってき》され、菅総理肝煎《きもい》り政策の「携帯料金の値下げ」、「ＮＨＫ改革」（受信料値下げ）等を主導し、名をあげた。

だが、二〇二一年二月以降、「文春砲」をきっかけに、総務省幹部接待問題に直面する。

現代では稀《まれ》な経歴を持つ異色政治家、総務大臣である武田良太の半生を追う。

二〇二一年七月

大下英治

総務大臣　武田良太秘録――目次

第二章　苦節一〇年、落選三回からの再起

第三章　修羅場の時

第四章　初入閣と被災地対応

第五章　コロナ禍の権力闘争

第六章 総務大臣就任

第七章　総務大臣戦記

第八章　抵抗を恐れず

序章　総務大臣・武田良太　男の履歴書

伯父・田中六助

筆者は、一九八七（昭和六二）年、『自民党の気になる面々』（角川文庫）という著書の中で、中曽根康弘、竹下登、金丸信と並び、武田良太の伯父にあたる、内閣官房長官（大平内閣）や通商産業大臣（鈴木内閣）、幹事長（中曽根内閣）などを歴任した田中六助の生涯を「死して、なお…」という章タイトルで描いた。

田中六助は、池田勇人《いけだはやと》の創設した宏池会《こうちかい》を受け継ぎ総理となった大平正芳《おおひらまさよし》のことを「おとうちゃん」と呼び、慕っていた。

六助は、ドイツの政治哲学者マックス・ウェーバーの『職業としての政治』にある《政治とは、不可能を可能にすることを天職と思わねばならぬ》という言葉を座右の銘とし、危機に立たされれば立たされるほど〈おれの出番……〉と燃えた。

また、六助が政局の混乱に際し、「川筋者の血が騒ぐ」といって乱を好んだのも、筑豊炭田で名を馳《は》せた〝石炭の町〟である遠賀川流域の義理人情に厚い、任侠《にんきょう》精神あふれる世界に育った影響である。

中曽根総理は、その行動力と情報収集力を買い、当時、自民党政調会長の田中六助に頼んだ。

「角サンがロッキード事件で辞職するという話がある。それは困る。角サンの胸の内を直接、確かめてくれ」

いざ田中角栄《たなかかくえい》に会おうとしても至難《しなん》の業《わざ》である。目白《めじろ》の田中角栄邸の周囲には、新聞記者やカメラマンが詰めかけている。四六時中、監視がついているようなものである。かといって、話の内容が極秘事項だけに、電話で済ませるわけにはいかない。

六助は、首都高速の護国寺《ごこくじ》インター出口に下りるや、あらかじめ待たせておいた宅急便の軽トラックに乗りこんだ。まるで現金輸送車でも襲った犯人が、別の車に乗り換えるような素早さであった。もちろん、人目を避けるため、荷台のハコの中に、レインコートをはおって息を殺していた。六助、このとき御年六〇歳である。

結局、六助のスパイ映画「００７」ばりの角栄邸潜入が伏線となり、それから六日後の一九八三（昭和五八）年一〇月二八日、ホテル・オークラで中曽根、田中会談がひらかれた。

田中角栄は、ついに辞職せず、一二月一八日に第三七回総選挙がおこなわれた。自民党は大敗するが、角栄は二二万票という圧倒的支持を地元の旧新潟三区で得て、政界の「闇将軍」となる。

携帯料金値下げを断行

武田良太は、田中六助が派閥の親分である大平正芳を「おとうちゃん」と呼び慕ったように、自身が属する二階派（志帥会《しすい》）の領袖《りょうしゅう》である二階俊博《にかいとしひろ》自民党幹事長のことを二階派内で、『おとっつぁん』がどう考えるかが重要だ」と語る。

武田は、二階幹事長から、政治家としての懐《ふところ》の深さ、親分としての面倒見のよさ、人脈の多さを学んでいる。

「できないことは口にするな。口にしたことは死んでもやれ！」

それが「二階訓」だ。

五三歳の若さにしては、二階派だけでなく、他派閥の後輩たちに対しても面倒身がいい。

武田の「筑豊魂」をたっぷり発揮できる場が与えられた。「総務大臣」のポストである。

特に菅内閣での総務大臣は、菅総理が官房長官時代から手掛けていた「携帯料金の値下げ」、「NHK改革」を実行に移すべきポストである。菅総理は、内閣の一丁目一番地とも言うべき、自身も歴任した総務大臣ポストを、武田に白羽の矢を立てたのである。

武田は、田中六助から受け継ぐ「川筋者の血」が騒いだことであろう。

限られた公共の電波を利用する携帯業界は参入障壁が高く、二〇二〇年四月に楽天が新規参入したものの、NTTドコモとKDDI、ソフトバンクの大手携帯三社で市場シェアの九割を占める寡占《かせん》状態が続いている。

携帯は国民にとって日常生活に欠かせない。そうした事業を寡占できるのだから、携帯は抜群に儲かるビジネスでもある。三社は、国内状況企業の営業利益額をランキングで上位五位以内を占め、二〇％前後の高い営業利益率を上げていた。

武田は、値下げの実現可能性について、はっきり明言した。

「一〇〇％やる。できるできないじゃなく、やるかやらないかの話だ」

「一割とかいう程度だったら、改革にならない。諸外国は競争市場原理を導入して七〇％下げている」

武田には強い思いがあった。

〈家計の負担を少なくして、コロナ禍で苦しむ各家庭の可処分所得を上げることによって、疲弊している地域経済を底上げしなければならない〉

携帯電話は、音声通話端末として始まったが、現在では、電子メールやメッセージといったコミュニケーション手段、果ては行政サービスの提供手段にまでに発展しており、国民生活に不可欠なインフラとなっている。これに加え、自然災害の多発する日本においては、携帯電話は非常時のライフラインにもなっている。

こうした国民生活に不可欠なインフラであるにもかかわらず、携帯料金は高く、各家庭の重い固定費負担となっていた。

武田は語る。

「そもそも携帯電話などの通信事業は、国民の財産である公共の電波を使っているのだから、純然たる民間の商売とは違う。こういう時にこそ、国民に還元するのが、大手三社の責務だ。未だに携帯業界は、競争の障壁となる『囲い込み策』、『ハードル』を維持している。こうした障壁を取っ払って、競争市場原理をフルに働かせなきゃ駄目だ」

武田は、総務大臣として見事に携帯電話料金の値下げを実現してみせた。

武田は自負している。

〈日本の携帯電話料金は国際的に見てかなり割高と言われてきた。かつて四人家族で毎月約五万円かかり、固定費として家計に大きな負担となっていたものが、いまや月額にして一万円台にまで引き下げることができた。およそ三万円の減額である。年間にして三六万円以上の減税に等しい〉

武田の改革によって、国民の携帯電話負担額は、年額ベースで約四三〇〇億円軽減した。低廉なプランへの乗り換えが進めば、負担軽減額は年間約一兆円になると見込まれている。

NHK改革に切り込む

武田は、NHKの改革にも取り組んだ。

NHKには剰余金が一四五〇億円もあり、さらに渋谷の放送センターの建て替え費用として一七〇〇億円もの予算が組まれている。しかし、二〇二〇年八月に公表したＮＨＫの次期経営計画案には、一〇月におこなわれた月数十円程度の値下げに続く新たな措置の明記は見送られていた。

武田には、「ＮＨＫは、かけがえのない公共放送だが、『国民のために何をしなければいけないか』という視点を持つべきではないか」との強い思いがあった。コロナ禍の中にあって、家計は悲鳴をあげているのだ。

「余剰資金があるのならば、なぜ受信料の値下げに使えないのか」

「新型コロナウイルス禍の家計の負担を考えたときに料金を少しでも抑えられるよう、ＮＨＫ自らの経営努力で国民の期待に応えるべきではないか」

ＮＨＫに対する国民の視線は厳しい。

携帯電話料金の値下げに菅政権が取り組み始めたとき、国民からは「携帯電話料金だけでなく、ＮＨＫの受信料も高すぎる。こちらについても改革してほしい」という意見が多く寄せられたという。

なかには、「携帯は必需品だが、ＮＨＫは必需品ではない」という意見も多く見られた。多チャンネル化の中でテレビを保有していても、ＮＨＫを一切見ないという国民は増えている。

さらに、ＮＨＫには料金徴収の問題もあった。

ＮＨＫは、国営放送ではなく、国民との契約義務によって成り立つ公共放送だ。料金の支払いはあくまで両者の合意に基づくものになっている。現在、国民の八三％がその合意のもとにＮＨＫの料金を支払っているが、一方で一七％の人はＮＨＫの受信料を払わずにフリーライド（タダ乗り）している状態が放置されている。また、未契約者、未支払者への督促には、莫大な経費がかかっており、これも八三％の国民が負担している。二重の不公平というわけだ。

武田は、ＮＨＫは、民間企業がスポンサーになり、番組が成り立つ民放とは違い、受信料によって成り立っていることこそが強み、存在意義であると考えている。スポンサーの影響を受けないからこそ、公平公正な放送機関としていられるからだ。

しかし、武田は、公共放送であればこそ、『国民のために何をしなければいけないか』という視点を持つべきだとも考えている。コロナ禍で国民が生活に苦しんでいる今こそ、携帯料金の値下げもおこなわれた中で、受信料の値下げを実施するべきなのだ。

では、ＮＨＫにとって、受信料の値下げは不可能なことなのか。武田はそうではないと考えている。

まず、ＮＨＫには莫大な剰余金がある。

二〇一九年度には、ＮＨＫ本体の繰越金が一二八〇億円、さらに新社屋のための建設積立金が一六九四億円ある。合計すれば約三〇〇〇億円になる。なんとＮＨＫの年間の予算約七〇〇〇億円の四二％にあたる。莫大な金額だ。ＮＨＫの子会社の剰余金も、二〇二〇年度六月時点で、九三四億円もある。これらの余剰金はもとはといえば国民から集めた受信料だ。経営の安定や将来への投資など、ＮＨＫにとって必要な目的のために不可欠な剰余金を除いて、国民に還元してはどうか、というのが武田の考えだ。

コスト面に目を移してみると、効率化が可能なのではないかと考えさせられる支出も多い。特に、ＮＨＫは、受信料を徴収するために徴収料としての費用を計上している。七〇〇〇億円の受信料を集めるために、徴収金としてその一割の七〇〇億円をかけている。これは莫大なコストだ。具体的には、下請けの会社が受信料を払っていない家を一軒一軒訪問し、マンパワーでおこなっている。なお、一人暮らしの女性などでこの訪問を嫌がる人も多く、苦情も多い。

武田は、この受信料の徴収方法をもっと効率的な、別のかたちを模索するべきだという。

例えば、郵便局が持っているデータと連携し、ＮＨＫの受信料の徴収に生かす。ＮＨＫが戸別訪問にこだわるのは、誰がどこに住んでいるかがわからないからだ。だが、郵便局にはそれがわかる。新設された宛て名なし郵便制度を活用すれば、誰がどこに住んでいるかという居住実態を把握することができる。徴収コストを減額することができれば、さらなる受信料の値下げの原資とすることができるというわけだ。

紆余曲折の末、ＮＨＫは、二〇二一年一月に提出された「経営計画」の中で、二〇二三年度に受信料の値下げを行う方針を明記した。

武田は、ＮＨＫ改革にも大きなマイルストーンを打ち込んだ。

行政のＤＸの鍵

武田は、デジタル化やスリム化の要として、マイナンバーカードの活用が鍵になるという。

「デジタル化の遅れが日本の経済成長や豊かな生活の妨げになっている。総務省で行政のデジタル化の鍵となるのは、マイナンバーカードの普及や利便性の向上だ」

二〇二〇年九月からは、買い物などで使える最大五〇〇〇円分のポイントを付与する「マイナポイント」事業が始まっている（二〇二一年四月末までの申請分で終了）。二〇二一年三月からは、健康保険証としてのマイナンバーカードの利用が開始された。

武田は、総務省広報を強化し、国・地方を通じた電子政府の推進や情報通信基盤の強化などによって、社会全体のＩＣＴ（情報通信技術）化に取り組んでいくという。

「将来的にはマイナンバーカード一枚あれば、病院に行く際に持参するお薬手帳も要らなくなる。これがあれば、どの病院でどんな治療を受けて、どういう薬を何グラム処方されているかがわかるようになる」

これまではマイナンバーカードに対して、「個人情報をすべて公権力に把握され、何か利用されるのではないか」という疑念の声もあり、あまり浸透していなかった。

だが、武田はその疑念は誤解だと語る。

「マイナンバーカード自体は、その中に住所・生年月日・性別・氏名など、所有者本人であることを確認する情報しか入っていない。他者が悪用することができないようなセキュリティも充実させている。対面やオンラインで使用する際には、券面の顔写真や暗証番号で本人確認をおこなうため、仮にマイナンバーカードが盗まれたとしても、それ以上の情報を得ることはできない」

現在は、五〇〇〇万枚以上のカード申請があり、人口の約四割となっているという（二〇二一年六月末時点）。武田は総務省に「営業部」を設けて、マイナンバーカードの普及のために、それぞれの副大臣、政務官に市町村、企業、一般団体などを割り当てている。大臣である武田自身も、マイナンバーカードの普及のために、トップセールスを展開し、日本相撲協会や、航空会社、警備会社、日本最大の労働組合であるナショナルセンターの「連合」などにも自ら宣伝のために足を運んでいる。

官と民の情報交換は悪か？

二〇二一年二月以降、「文春砲」によって官僚と民間企業との接待問題が、暴かれた。

国家公務員倫理規程では、利害関係者が費用を負担する接待を禁じ、さらに、割り勘でも一万円を超える場合には事前の届け出が必要となっている。

東北新社による総務省幹部への接待問題では、その届け出を怠たり、「衛星放送についての話はなかった」との接待を受けた官僚の答弁などにより混迷した。

コロナ禍という時期もあって、批判は増幅した。ただ、武田は総務大臣として、さまざまな批判にひるむことなく、言わなくてはいけないことは、はっきりと明言した。

「(ポストコロナの経済社会を考えたとき)これから官民一体となって世界と競争していかなくてはいけない時代に、あらゆる機会をとらえて情報交換をしないといけない」

これから世界が急激に変化していく時代にはさらに、官と民とのつながり、情報交換は必要だ。だから、官と民との会食が必要かどうかと問われれば必要だ、だからこそ倫理法令を遵守することが大事だと答えたのだったという。

日本郵政、楽天に一五〇〇億円出資

総務大臣の所掌は幅広い。民営化された郵政事業のあり方も、武田が考えなければならない領域だ。

小泉純一郎総理による「郵政民営化」によって、郵政事業は、郵便事業と保険事業と貯金事業に三分割された。その後、郵便事業は、ネット時代が本格的に到来し、電子メールが普及するとともに、利用者減が進んでいる。

しかし、ネット時代が到来しようとも、物理的な伝達手段や窓口の必要性は依然残っている。特に、過疎化と高齢化が同時に進行する地方ではその必要性は高い。郵便事業を、ユニバーサルサービスとしてどう維持するか、全国に二万四〇〇〇ある郵便局をユニバーサルサービスとしてどう維持し、国民生活にどう生かしていくか。それがまさに武田が考えていることだ。

郵便局は、村役場が支所を閉鎖する際に窓口業務を受託したり、地方銀行が支店を閉鎖する際に通帳名義の書き換えなどの窓口業務を受託したりするなどの取り組みを始めている。過疎化の進む地方では必要な取り組みだ。武田は、この取り組みをさらに一歩前に進め、郵便局で取り扱える事務を拡充することを考え、郵便局事務取扱法の改正案を通常国会に提出し、通常国会において可決成立した。

ネット時代という時代の趨勢《すうせい》にさらされている郵政事業だが、それを逆手にとる発想もあると武田は言う。郵便局には、ビッグデータという宝物がある。ビッグデータとは、巨大で複雑なデータの集合のことであり、このビッグデータを最大限に活用してネット時代の主役に躍り出たのが、グーグルに代表されるネット企業である。そうしたネット企業が喉から手が出るほど欲しいビッグデータが郵便局にはあるという。

ビッグデータの活用のキーとなるのが、ネット企業との協業である。この協業の動きは早い。二〇二〇年一二月二四日、日本郵政は、楽天と物流領域における戦略提携の基本合意を締結し、翌年三月一二日には、これをさらに深化させ、日本郵政、日本郵便、楽天の三社間で日本郵政グループと楽天グループの業務提携合意を締結している。業務提携に合意したこの日、両者は、日本郵政から楽天への出資を内容とする株式引受契約を締結した。その後、日本郵政は楽天グループに一五〇〇億円を出資している。

また、二〇二一年七月、日本郵便が五〇・一％、楽天が四九・九％を出資した「ＪＰ楽天ロジスティクス株式会社」を設立した。今後、物流ＤＸプラットフォームの共同事業化を推進するという。今後、物流の分野では、共同の物流拠点の構築、共同の配送システム・受取サービス、楽天フルフィルメントセンターの利用拡大、ゆうパックの利用拡大を進めていくようだ。

この他、金融の分野では、ゆうちょ銀行デザインの楽天カードの発行を年内に開始、さらにゆうちょ銀行を発行主体とするクレジットカードの検討、キャッシュレス分野の協業、保険分野の協業を推進するという。

さらに、モバイル部門の提携も深め、郵便局内に楽天モバイルの申込カウンターの設置や、配達網や郵便局ネットワークを活用したマーケティング、郵便局への５Ｇ基地局の設置なども進めていくという。

こうした楽天との協業を支えるため、人材部門の交流として、楽天の飯田恭久《いいだやすひさ》執行役が日本郵政のDX推進室担当として、二〇二一年四月から転籍している。

ネット時代というパラダイムシフトの時代に、国民生活をどう守るか。そのために、郵政事業をどう維持し、活用していくか。武田の悩みは尽きない。

ワクチン接種と地方自治体

菅政権では、新型コロナウイルス対策の一環として、ワクチンの迅速な接種を全力で推進している。

二〇二一年四月二三日には、菅義偉《すがよしひで》総理が記者会見し、ワクチン接種に政府として全力で取り組むことを表明した。

菅総理は、会見で七月末を念頭に希望する高齢者の接種を完了することを明言した。

武田良太総務大臣も、会見の二日前の四月二一日、河野太郎《こうのたろう》ワクチン担当大臣も同席する中、菅総理からワクチンの接種について、総務省として各地方自治体の支援に取り組むように直接指示された。

武田は、菅総理からの指示を受けて総務省に戻ると、幹部を招集し、ハッパをかけた。

「ワクチン接種をいかに迅速にやることができるか。国民にとっても日本にとっても危機的状況なのだから、総務省としてできることは何でもやろう。これはできるできないではない。やるか、やらないかだ。すべての自治体が七月末までに希望する高齢者にワクチン接種ができるように、総務省でもありとあらゆる英知を結集して取り組もう。総務省が普段から持っている各自治体とのネットワークを駆使して、全一七四一自治体に個別に連絡をして、『何か困ったことがないですか』と丁寧に相談に乗って、ワクチン接種の円滑化を徹底的に支援する」

武田は、菅総理が会見で表明した日の晩、ただちに四七都道府県の知事と、一七四一の市区町村長宛てに総務大臣としてメールを送り、総務省として、しっかり支援することを伝え、ワクチン接種への協力をお願いした。

さらに、四月二七日総務省として新型コロナワクチン接種地方支援本部を立ち上げ、自ら本部長に就任した。

総務省のこうした動きや、各地方自治体の頑張りもあり、七月末までに高齢者のワクチン接種を完了させる動きは、当初の想定以上にハイスピードで進んでいくことになる。

六月一六日時点の調査では、七月末までに希望する高齢者の接種が完了見込みであると、全一七四一自治体が回答した。

第一章

筑豊魂——伯父・田中六助のＤＮＡ

「幕が上がった時には、すでに芝居は終わっている」

武田良太は、一九六八（昭和四三）年四月一日、福岡県田川郡赤池町《あかいけまち》（現・福智町《ふくちまち》）で生まれた。

武田は、どのような少年だったのか。

「幼稚園児の頃から腕白坊主《わんぱく》でしたから、優等生ではありませんでした。幼稚園から小中高と先生からは記憶に残る子供でした。勉強せずに腕白なことばかりしていました」

スポーツは、ラグビー一辺倒。小学校一年生の時から、福岡の名門・県立小倉《こくら》高校時代まで全力で取り組んでいた。

武田は幼い頃から、政治や選挙というものを身近に感じて育った。衆議院選挙が近くなると家の中があわただしくなる。選挙期間は平日だろうが休日であろうが、父親も母親も家を留守にした。

家には、選挙応援をしているというひとがやってきて、母親の代わりにご飯を作ってくれた。母親の兄、つまり、武田の伯父は、武田が生まれる五年前の一九六三（昭和三八）年に初当選して以来、衆議院議員として中央政界で活躍していた田中六助。「六さん」の愛称で呼ばれていた。

田中六助の選挙はいつも苦しかった。中選挙区時代の福岡県四区には、蔵内修治《くらうちしゅうじ》という同じ自民党公認候補をはじめ、強い候補者がひしめいていた。

田中は、初めて挑んだ一九六〇（昭和三五）年の衆議院選挙では惨敗を喫《きっ》したほどである。

それだけに、当選二回目以降は一九七六（昭和五一）年の衆院選を除き、トップ当選を果たしていたものの、田中は選挙戦では手をぬかなかった。

両親は、いつも選挙応援に駆り出されていた。

武田自身、選挙事務所に連れて行かれたこともある。開票日に行って、伯父や両親、支援者たちと共に、伯父の当選を祝って、万歳三唱をしたこともあった。その際の選挙事務所に漂う独特の、ウキウキとした高揚感が、武田にはたまらなかった。

田中六助は、一九二三（大正一二）年一月二三日に福岡県田川郡上野村《うえのむら》（現・福智町）で生まれた。興亜専門学校（現・亜細亜大学）卒業後、海軍飛行予備学生となり、三重県鈴鹿《すずか》海軍航空隊で特攻隊の教官をする。

田中はそこで、中曽根康弘総理の実弟をはじめ、自分と年齢もたいして変わらない若者に、命を捨てて国を守る術《すべ》を教えた。その若者たちは死に、そして、自分は、飛行機の整備が終わるのを待つうちに終戦となった。

〈戦争だけは絶対してはならぬ〉

それは信念として、終生、田中が抱き続けたものだった。

田中は、戦後、政治家を目指した。早稲田大学政治経済学部新聞学科を経て、日本経済新聞社に入社。政治部記者時代に、池田勇人番となった。

その縁で、当選後は、池田派（宏池会）に所属し、大平正芳の側近として知られていく。

田中の名が政界で知れ渡ったのは、武田がまだ二歳だった一九七〇（昭和四五）年の、いわゆる、「大平クーデター」だった。

田中は宏池会の若手を結集して、池田の後継者と目された宏池会会長の前尾《まえお》繁三郎《しげさぶろう》を会長の座から引きずり下ろし、大平正芳を会長に据えたのだった。

その後、大平側近として大平政権樹立に奔走し、一九七八（昭和五三）年には第一次大平内閣の内閣官房長官として、初入閣したのをはじめ、通商産業大臣、自由民主党政務調査会長、幹事長を歴任した。

田中は腹が据わった凄みの効いた気性で知られ、あまり他人に遠慮せず、その時々で打つべき手を政敵にどんどん打ち込んでいった。

田中の生まれ育った福岡県田川郡上野村のあたりは、筑豊炭田で採掘された石炭を運ぶ遠賀川が流れ、その一帯で住む者たちは侠客《きょうかく》じみた気性で「川筋者」と呼ばれていた。田中もその気性を強く受け継いでいたのである。

その一方で、田中六助の願いは、地元の経済復興であった。戦後日本を支えるエネルギーの主役は石炭から石油に移行した。石炭の需要は急激に落ちこんだ。炭坑が一つひとつ閉山に追いやられ、かつての街の灯《あかり》が消えていた。

〈街に、かつての活気を取り戻させたい〉

田中はいつもそのように思っていた。

ふだんは東京で政治活動をしている田中は、地元に戻ってきた際には必ず武田の家を訪れた。選挙区へ帰った時は、すぐ下の妹である武田の自宅を「定宿」として活動していた。

武田にとって田中六助は、厳しい伯父でもあった。

田中は、武田がテレビを観ていると、なんの前触れもなく、テレビのスイッチを切る。

「テレビなんか、観るな！」

幼心に「伯父さんが来るとテレビが観られない」ということで嫌になったこともある。

小学校に入ってからは帰ってくるたびに、優しい顔でいつもこう言っていた。

「良太、しっかり勉強しろよ」

「本を読みなさい」

教養を身につけることを、武田に求めた。

そのためには身銭を切るのも惜しまず、武田の使っていた勉強机を見て「こんな小さなのではダメだ」と、広々と使える大きな勉強机を買ってくれた。

「本を買うために」と小遣いもくれた。いつも一万円だった。

ところが、武田は、それで本を買うことはほとんどしなかった。子どもにとっての大金を好きなことに使ってしまった。

「音楽を聴きなさい」

ある時は、ステレオを買ってくれたこともある。武田は、これがきっかけで、音楽を聴くようになった。ただ、伯父とは音楽の趣味は違ったらしく、伯父は「四季」をはじめとした協奏曲などで知られるヴィヴァルディ、「アイネ・クライネ・ナハトムジーク」「トルコ行進曲」などで知られるモーツァルトが好きだった。

それに対して、武田は、ベートーヴェンをはじめ、「白鳥の湖」を作曲したチャイコフスキーや、「タンホイザー」などの歌劇で知られるワーグナーを聴いた。

田中は、たまに帰ってくると、小学生の武田に国語、社会をまるで家庭教師のように教えてくれた。中学一年になると、そこに英語も加わった。ただ、田中が教えるのは教科だけではなかった。

「あのな、良太。マックス・ウェーバーというドイツの政治学者がいる。その学者が『職業としての政治』という本の中で、『政治家は権力に近づく努力をしなければいけない』と言っている。そして『政治家は常に権力に影響力を与えるために全力をあげる努力をしなければならない』とも言っているんだ」

武田は、わからないなりに伯父の真剣さを感じ、一生懸命聞いていた。

「良太、政治家が決断する時は、淡々と冷静な判断をするもんじゃないんだ。熱く考えなきゃいけない。ただし、物事の整理、分析はあくまで明晰《めいせき》、冷静でなくてはならないとマックス・ウェーバーは言っている」

田中が家庭教師をする教科で「マックス・ウェーバー」は必修科目になっていた。

田中はある時、より深い政治のことを口にした。

「良太。あのな、政治家は悪魔とさえも握手しなけりゃならない時もある。だからそのことをよく知り、惑わされないようにしなければならない。時には悪魔の力さえ使わないといけない場合があるから。そうマックス・ウェーバーは言っている」

武田は、その意味が深く理解できないまでも思った。

〈政治家は、悪魔とも握手するのか。大変だなぁ……〉

武田は、高校に入学した頃、ニュースになっている政界の動きについて、伯父に訊《き》いたことがあった。

伯父は、当然というような顔をして、武田に語って聞かせた。

「そんなものは、とっくに話ができていたんだよ」

政界の裏話を話して聞かせてから、つけくわえた。

「幕が上がる時には、すでに芝居が終わっているのが政治なんだ」

武田はのちに聞いたことだが、田中六助は、武田の母親には打ち明けていた。

「良太を、政治家にしたい」

自分の地盤を、甥《おい》の良太に引き継がせたいと思っていたらしい。

武田自身は伯父の気持ちを直に聞いたことはなかった。が、親戚から言われることもあった。

「良太が、一人前の年齢になったらね」

伯父の跡《あと》を継ぐ者として期待されている雰囲気を感じることもあった。

だが、武田の母親は、猛反対した。兄の選挙応援を通して、政治家が政治家として立つことで、身内がどれほどの犠牲を払うことになるのか身に染みていた。

「冗談じゃない、政治家なんて！」

しかし、武田が成人する前に田中六助はこの世を去った。武田が一六歳であった一九八五（昭和六〇）年一月三一日のことであった。持病だった糖尿病が悪化したのである。

葬儀がおこなわれた築地《つきじ》本願寺には大勢の政治家が訪れた。時の総理大臣である中曽根康弘が弔辞を述べた。

闇将軍と呼ばれた田中角栄、前総理である鈴木善幸《すずきぜんこう》、政界のプリンスと呼ばれた安倍晋太郎《あべしんたろう》、のちに総理大臣となる竹下登と、それはすごい顔ぶれだった。

「壮絶な戦死だな」

誰かがそう話していた。

その真意が理解できたのは、のちに武田が早稲田大学に入学してからである。

それだけで、田中六助の偉業を推し量ることができ、武田が抱いていた田中六助への畏敬《いけい》の念はますます強くなった。

〈このようなひとたちが生きる世界で自分も生きてみたい〉

そうした思いが、ひしひしと湧き上がってきた。武田が「政治家」をはっきりと意識した瞬間であった。

事業家の父の影響

武田は、総務大臣として郵便局の活性化を打ち出したり、民間のビジネス感覚を豊富に持っている。じつは、それは実業家であった父・武田良行《よしゆき》の影響があるという。

父親の良行は、一九三六（昭和一一）年生まれで、早稲田大学理工学部土木学科を卒業した。学生時代は柔道を熱心にやっていた。

大学卒業後は、土木関係のエンジニアとなり、下水道工事の特殊技術を持っていた。

昭和三十年代になると、北九州市《きたきゅうしゅうし》で下水道の整備事業がおこなわれることになり、良行の持っている技術が重宝された。

良行は、自ら西日本建設工業という会社を興《おこ》し、社長になった。競合相手がいないこともあり、北九州市から多くの工事を請け負い、会社経営は成功した。

さらに良行は、東急グループを率いる五島昇《ごとうのぼる》とも縁があり、ゴルフ場の開発にも取り組んでいる。良行が興した豊津観光開発は、福岡県京都郡《みやこ》みやこ町にある「京都カントリー倶楽部」を運営している。

一九六〇(昭和三五)年一一月、田中六助は、第二九回衆議院議員選挙に福岡県四区(中選挙区)から自民党公認で出馬した。

六助にとって初めての衆院選だったが、二万九五九一票で落選している。

この衆院選で良行は六助を応援した。きっかけは、早稲田大学時代の教授から、先輩の六助を紹介されたことだった。良行は、六助と意気投合し、付きっきりで選挙運動をおこなった。

それが機縁で、良行は武田良太の母親となる田中六助の妹の敦子《あつこ》と結婚した。

その後、武田良太が生まれた。

良行は、あまり細かいことは言わなかったが、躾《しつけ》は厳しかったという。事業家として成功していたが、子どもに贅沢《ぜいたく》をさせることは一切なかった。

太宰治とマックス・ウェーバー

一九八七（昭和六二）年四月、武田良太は、田中六助と同じ早稲田大学に進んだ。

もともと音楽や美術、文学が好きだったこともあり、英文学を専攻しながら、伯父が尊敬していたドイツの社会学者マックス・ウェーバーが著わした『職業としての政治』『職業としての学問』などを読み耽《ふけ》った。

早稲田大学の文学部に入学すると、武田は、好きなラグビーはやらなかった。

〈ラグビーをやるのもいいかもしれないけれど、せっかく東京に出てきたんだから、青春を謳歌してやろう〉

武田は、麻雀、酒、旅行、さまざまな体験をし、青春を謳歌した。

武田が大学時代を過ごした八十年代後半から九十年代初頭は、まさにバブルの時代だった。

景気がよかったため、学生の就職事情も明るかった。ＯＢ訪問をすれば、焼肉や寿司、天ぷらなどの豪勢な料理を食べさせてくれて、タクシーのチケットまで貰えるほどだった。

内定者に対しては、他社に浮気をしないように、海外旅行すらプレゼントする企業もあった。

青春を謳歌する一方で、文学部の学生だった武田は本もよく読んだ。

特に破滅派、無頼派と呼ばれるデカダンスの作家と見られている太宰《だざい》治《おさむ》は中学時代から大好きで、太宰の短編小説をよく読んだという。

太宰は、人間の弱さ、哀しさを描いているが、魂の美しさも描いている。

武田が太宰を読むようになったきっかけは、中学の国語教科書に載っていた『走れメロス』だった。処刑されるのを承知の上で友情を守った主人公のメロスが、人の心を信じられない王に信頼することの尊さを教えるこの短編小説は、武田少年の心に強く印象を残した。

武田は、人生の節目節目で太宰の著作を開くという。

「太宰治の小説は今でも読みます。感じ方がその時その時によって違う。本を読むことは、自分の内面の変化なども気づかせてくれますね」

武田は、政治家になった現在でも、太宰の著書を時折開くという。特に、清貧の中で誰にも理解されない中でも、一途に自分の思い通りに描く画家に惹かれ結婚した妻が、名声を得ることで純粋さを失い、鼻もちならない俗物になっていく夫に別れを告げる告白を描く『きりぎりす』が好きだという。

武田は、この小説を読むたび自らを戒める。

武田は、伯父の田中六助が常に持っていたというマックス・ウェーバーの『職業としての政治』も幾度となく読み返しているという。

武田が語る。

「ウェーバーを読んで一番印象深いのは、政治家の成長過程について、初期段階は、参加しようとする努力と位置づけているのですが、参加し力を得ると、これが影響を与えようとする努力に変わる。政治に参加しようとする努力と、政治に影響を与えようとする努力、この二面を常に持ち合わせていないといけない。

ウェーバーは、為政者が持つべき基本的な精神について言及していますが、彼の著作も、例えば、落選していた時期や、初当選した時、郵政民営化に反対して自民党を離れざるを得なかった時など、その時々の立場に合わせて、同じ文章でありながらも、感じるところが違う。だから政治家にとってのバイブルになるのだと思います。田中六助も、もしかしたら、自分を見失いそうになった時とか、挫《くじ》けそうな時なんかに読んで、自分を勇気づけていたのかも知れません」

現在は、司馬遼太郎《しばりょうたろう》の『峠』や『坂の上の雲』などの幕末から明治維新の時代を描いた小説に惹かれているという。

『峠』は、卓越した実力を備え、一介の武士から越後長岡藩の筆頭家老にまで抜擢された河井《かわい》継之助《つぎのすけ》を主人公にし、幕末維新の混乱期に藩を近代化させながらも、最後には武士道的倫理から、新政府に対抗する道を選び悲劇的な最期を迎えていく継之助の人生を描いている。

また、『坂の上の雲』は、明治維新を成功させて近代国家として歩み出し、日露戦争勝利に至るまでの勃興期の明治日本を、日本陸軍における騎兵部隊の創設者である秋山好古《あきやまよしふる》、その実弟で海軍における海戦戦術の創案者である秋山真之《さねゆき》、真之の親友で明治の文学史に大きな足跡を残した俳人正岡子規《まさおかしき》の三人を主人公に描いている。

どちらも男として、政治家として、いかに生き、戦うべきかを考えさせられる小説だという。

「川筋者」の血が騒ぐ――田中六助伝

先に触れたように、筆者は、かつて田中六助の生涯を『自民党の気になる面々』(角川文庫、一九八七年)の一部に描いている。六助の甥である武田良太をより深く理解するため、改めて以下に再掲載(原文ママ)する。

田中六助は、大正十二年一月二十三日、福岡県田川郡赤池町に、ふとん店の三男として生まれた。

六助は、三男でありながら、「六助」という、どこか憎めない、愛嬌のある、一度聞いたら忘れられない名前をつけてもらったことに感謝している。選挙には、打ってつけの名前である。

六助は、七か月の未熟児であった。「なんとか丈夫に育ってほしい……」という両親の願いから、芝居に出てくる豪傑「毛谷村六助《けやむらろくすけ》」の名にあやかり、「六助」と名付けられたのである。

この毛谷村六助は、福岡県と大分県の境にある英彦山《ひこさん》神宮の近くに住んでいた人物で、豊臣《とよとみ》秀吉《ひでよし》の前で相撲の三十五人抜きをしたと伝えられる豪傑であった。

なお、田川というところは、筑豊炭田で名をはせた、かつての〝石炭の町〟である。

六助が、政局の混乱に際し、

「川筋者の血が騒ぐ」

といって乱を好んだのも、川筋、つまり遠賀川沿いの筑豊地帯の義理人情の任侠の世界に育った影響である。

田川人気質は、「貧しいがシンが強くて陽気、世渡りもうまい、酒が大好きで喧嘩っ早く、そろって歌が好き」

といわれている。六助は、まさに田川人の典型といえた。

六助は、田川中学卒業後、上京し、興亜専門学校（のちの亜細亜大学）に入学。卒業と同時に、海軍飛行予備学生十三期となった。

六助は、覚悟していた。

〈二度と再び、生きて帰ることはあるまい……〉

敗戦直前の昭和二十年の八月には、三重県鈴鹿海軍航空隊で、特攻部隊の教官をしていた。

六助も特攻に出て戦死するはずだったが、彼の機だけ、整備の関係で次の便にまわされた。

そこで、敗戦の八月十五日を迎えたのであった。

彼は、のちに、そのときのことを思い出し、何度か心の中でつぶやいた。

〈終戦が、もう二日、いや一日遅れていても、おれは、死んでいた……〉

六助が、官僚出の政治家とちがい、成否の定かでない難問にあえて飛びこみ勝負を賭けることができるのは、生死のぎりぎりまで追いこまれた特攻隊体験がものをいっている。

彼は、のちに政治の修羅場を何度もくぐりながら、おのれに言い聞かせたものである。

〈あのとき死んでいたと思えば、なんでもできる……〉

六助は、終戦を迎え、

〈二度とこんな愚かな戦争をしでかしてはならない……〉

と思い、政治家として立とう……と心に決めた。

そのために早稲田大学の政治経済学部新聞学科にすすみ、昭和二十四年四月、日本経済新聞社に入社した。

政治家を目ざす六助は、政治部では、水を得た魚のように、たちまちにして頭角をあらわした。

〈政治家は、なによりひとに名前をおぼえてもらわにゃいかん。そのためには……〉

国会議事堂内にマイクで呼び出しがある。

「日本経済新聞社の田中六助記者、本社からお電話が入っておりますので……」

ふつう呼び出しの声は、女性と決まっていた。それが男の声なので、不審に思った同僚が、マイクのある場所まで行ってみた。なんと、田中六助自身がマイクを持ってけんめいに自分の名を連呼していた。

六助は、夜討ち朝駆けで、他の記者の二、三倍は働き、やがて池田勇人に食いこんだ。

彼は、朝早く千駄ケ谷の池田邸に行っては、池田の奥さんと味噌汁を飲み、池田の車でいっしょに出かけた。池田も、六助のことが、かわいくてしかたがなかった。

ある日、閣議が終わり、いっしょの車で帰った。

その車の中で、

「先生、お疲れになったとでしょ。一杯、飲まんですか」

と言い、近くの料亭で二人で飲んだ。

そのうち池田は、年だし、酔っぱらって寝てしまった。今日の閣議の重要書類が入っているカバンを、ほったらかしにしたままであった。

六助は、即座にそのカバンを開け、中の書類を見た。

当時、コピーの機械はない。彼は、即座に日経新聞に電話を入れた。

「おい、写真部、すぐに来てくれ……」

やってきた写真部の者に、その書類を接写させた。

翌日の朝刊の一面には、その書類の内容が、特ダネとしてデカデカと出ていた。

かくして、六助は、日経時代、「吉田内閣のぬき打ち解散」をはじめ、特ダネ賞を三十数回もとった。いまだこの記録を破る者はいない。

六助は、昭和三十五年、日経をやめ、いよいよ政界に打って出ることにした。そのとき、早稲田大学政経学部の同級生、新井明にこういった。

「おれは政治家になり、総理大臣になる。君は、社長になれ。朝起きると、おれはいつも自宅の庭で叫ぶったい。『おれは、総理大臣になるぞぉ』とね。そうすりゃ心構えがでけてくる。総理でん、なんでんなれるんよ……」

六助は、昭和三十八年十一月の総選挙で初当選。池田派の若手有望代議士として順調なスタートを切った。

第二次佐藤内閣では外務政務次官となり、党内外に田中六助の存在を意識させたが、田中六助の名がクローズアップされたのは、〝大平クーデター〟の火点け役をはたしたときであった。

「大平クーデター」の火付け役――「一六戦争」勃発

昭和四十五年十月二十九日の正午から、東京永田町にある首相官邸の中庭で、佐藤栄作《さとうえいさく》の四選を祝うガーデンパーティが華やかにひらかれていた。

佐藤栄作は、上機嫌であった。政界の団十郎といわれた目鼻立ちのくっきりした顔をほころばせ、前尾繁三郎とならび、新聞社のカメラにおさまっていた。

前尾も、このときまではなごやかな表情をしていた。

当時の佐藤内閣は、「沖縄返還」を政治の至上命題としてかかげていた。そのため佐藤は、九月下旬に、池田勇人亡きあとの宏池会会長であった前尾に自ら会い、協力を求めていた。

「前尾君、沖縄返還を、なんとかしてわたしの手でやりたい。今回の総裁選への立候補は、とりやめてもらえないだろうか……」

前尾は、総裁選への立候補を断念した。四選に協力しておけば、当然、それなりに処遇されるだろう……という思惑があった。

撮影が終わると、佐藤が前尾にいった。

「わたしの部屋に来てくれ」

前尾は、佐藤のあとを追いかけるようにして官邸に入った。

〈きっと、党幹部、いや、閣僚になれるにちがいない……〉

ところが、前尾は佐藤から、意外なことを告げられた。

「今回は、内閣改造はやめようと思う」

前尾の衝撃は、激しかった。

その後、前尾は、虎ノ門のアメリカ大使館前にある日本自転車会館五階の宏池会事務所でおこなわれた宏池会総会に向かった。前尾は、宏池会のメンバーを前に、強張《こわば》った表情で佐藤首相とのいきさつを報告した。

「こぞんじのとおり、佐藤政権が成立しました。今後は、わが宏池会も佐藤政権に協力することになった……」

その報告が終わったとたん、一番末席に座っていた田中六助が、手をあげ発言を求めた。

六助は、当時まだ当選三回の若手代議士であった。

〈六助が、いったいなにをいいはじめるのか……〉

みんなの眼が、田中六助に集まった。

六助は、会場の正面まで出て行くや、銀縁《ぎんぶち》眼鏡の両縁を下から押しあげるようにし、大声でぶちあげた。

「宏池会は保守本流の誇りを持って、これまで絶えず総裁を志向する派閥ということでやって来た。ところが今日のていたらくは、池田勇人先生以来の伝統ある宏池会が佐藤総理になめられているに等しい。これまで前尾会長はなにをして来たのか。佐藤のやり方に対して闘えないというのであれば、あなたに宏池会の会長たる資格はない。わたし自身、こんな闘う気のない宏池会からは脱退いたします」

六助は、「くらやみの牛」と呼ばれていた前尾の、闘う姿勢のなさにしびれを切らしていた。六助は、五分間にわたり大演説をぶつや、宏池会事務所を、さっさと出て行ってしまった。いわゆる〝大平クーデター〟の幕は、彼があけたのであった。

この日の夜、ホテル・オークラで、前尾を追い落とし、大平正芳をかつぐ佐々木義武《ささきよしたけ》、伊東正義《いとうまさよし》、田沢吉郎《たざわきちろう》、服部安司《はっとりやすし》、田中六助らが集まり、密談を交わした。

最終的に、前尾との談判役を鈴木善幸がやることに決まった。

鈴木は、前尾と三回会い、退陣を迫った。

前尾は翌四十六年四月十六日に辞任し、翌日の十七日、大平が三代目の宏池会会長になった。

のちに大平が総理大臣に就任し、第一次大平内閣で、誰もが官房長官は大平の親友の伊東正義と思っていたところ、あえて田中六助を起用したのも、このときの論功行賞であった。

大平は、六助が火を点けた〝クーデター〟について、のちにしみじみと語っている。

「あれ（クーデター）があったから、わたしの今日がある」

ところが、田中六助の、

〈してやったり……〉

という気持ちと逆に、

〈六助め、でしゃばったことをしおって……〉

という思いで〝大平クーデター〟を見ていた男が宏池会内部にいた。

宮沢喜一《みやざわきいち》であった。

そしてこのときの感情の食いちがいが、のちに宏池会の盟主の座をめぐって宮沢喜一と田中六助とのあいだで争われゐ、いわゆる〝一・六戦争〟の伏線となったのである。

このとき、宮沢は、前尾派であった。宮沢にとって、前尾は、おなじ東大法学部を卒業した大蔵省の先輩である。

宮沢は、前尾に、官僚としての能力を高く買われ、前尾の懐刀《ふところがたな》として活躍していた。しかし、この一連のクーデターのとき、宮沢はなにもしていない。宮沢は、権力闘争自体を醒めた眼で見て馬鹿にしていた。

宮沢は、東大法学部卒の大蔵官僚しか人間と認めない、と思っていた。おなじ大蔵省出身の大平を、東京商大（現・一橋大）卒であるという点で、馬鹿にしていた。

昭和二十四年二月十六日に成立した第三次吉田茂内閣で、宏池会の創立者であった池田勇人が大蔵大臣になったとき、宮沢と大平は、そろって池田の秘書官になった。

池田は、英語が堪能で、頭脳明晰な宮沢を重用した。

当時、ＧＨＱとの折衝などは宮沢に一任するほどであった。大平は、内々の雑務をまかされていた。宮沢は池田の外遊にも同行し、昭和二十八年十月二日ワシントンでおこなわれた日本の自衛力漸増についての「池田・ロバートソン国務次官補会談」では、アメリカ側が池田に、宮沢のことを「あなたは、すばらしいダイヤモンドを持っておられる」と語ったほどであった。

宮沢と大平の確執《かくしつ》は、池田をめぐるジェラシーともいえるものであった。

宮沢には、じっと眼をつぶっているような三白眼の「鈍牛」といわれている大平が、前尾を追い落として宏池会の三代目会長に座ったことががまんならなかった。その火点け役をはたした田中六助のでしゃばりを憎んでさえいた。

一方、田中六助は〝大平クーデター〟により、政界で初めて名前をクローズアップされた。

政界で、

「田中六助という男、どうやら乱を好む男らしい……」

との噂が立った。

「首切り六助」、「落としの六さん」の異名

大平正芳側近としての田中六助の活躍は、すさまじかった。

昭和五十一年十月に入り、自民党内は、〝三木おろし運動〟にゆれていた。

佐藤栄作退陣のあと、総理の座に強引に座った田中角栄は、金脈問題で退陣に追いこまれ、副総裁・椎名悦三郎《しいなえつさぶろう》の裁定で、クリーンを誇る三木武夫《みきたけお》内閣が発足した。

ところが、そこにロッキード事件がふってわいたように起こった。

昭和五十一年七月二十七日、田中角栄前総理が逮捕されるという大疑獄事件に発展した。

自民党内から、三木総理への非難の声があがった。

「三木は、はしゃぎすぎだ」

「三木は、前総理が捕まるのに、手を貸した。惻隠《そくいん》の情のない男だ」

「やはり、傍流の者を、首相に推すべきではなかった」

党内では、〝三木おろし〟の風が巻きおこっていた。

しかし、三木退陣を迫るには、三木の受け皿を用意しなければならない。そこに浮かびあがったのは、福田赳夫《ふくだたけお》と大平正芳であった。

問題は、二人の調整をどうつけるか、であった。

福田と大平は、そろって大蔵省出身である。入省年次、年齢ともに福田の方が五年以上の先輩である。しかし、議員歴は、あまりちがわない。二人の間には、福田が、池田内閣時代、「党風刷新連盟」という反池田グループをつくり、池田、大平らに楯《たて》ついたといううしこりもあった。

六助は、燃えていた。

〈いよいよ、おとうちゃんを総理にするためのおれの出番がまわってきた〉

彼は、大平のことを「おとうちゃん」とまで呼び慕っていた。

彼は、恩師である池田勇人に、病床でいわれていた。

「六助よ、おれが死んだら、大平の手足となって働いてくれよ……」

彼は、それを池田の遺言として胸に刻んでいた。

「おとうちゃん」の手足となって働くため、この年には、それまで住んでいた大田区北千束《きたせんぞく》二丁目から、大平の住んでいた世田谷の瀬田《せた》から車で五分とかからない世田谷区尾山台《おやまだい》にわざわざ引っ越していた。朝夕、大平邸に顔を出し、家族をあげて「おとうちゃん」のために尽くす覚悟を決めていた。

六助は、新聞記者たちに知られないよう、水面下で大平と福田との間を走りまわった。新聞記者をしていたから、腰は軽い。

走りまわったはて、大蔵省の後輩である大平が、福田を立てることにした。

六助は、大平の密使として、十一月中旬のある夜、赤坂の料亭「新長谷川」で福田と会った。

六助は、大平の考えを福田に伝えた。

福田の顔が、感激にほころんだ。

「わたしは、二年はおろか、一年半で譲ってもいいんだよ……」

六助は、さらに、福田が総理になったあかつきには、自分も入閣させる、という約束までとりつけた。

六助は、料亭からとって返し、大平に福田の「一年半で大平君に譲ってもいい」という言葉を伝えた。よろこぶ大平の顔を見ながら、彼も心の底からよろこんだ。

〈これで、少なくとも二年後には、おとうちゃんが総理大臣になる……〉

党内の支援勢力が拮抗している実力者の間で、次の政権継承について調整が成功したのは、めずらしいケースであった。

大平は、福田に約束を裏切らせないために、その直後の十一月下旬、福田との間に密約文書を取り交わした。密約場所は、都心からやや離れた品川パシフィック・ホテルであった。

福田、大平の当事者と、園田直《そのだすなお》が福田側の、鈴木善幸が大平側のそれぞれ介添役、保利茂《ほりしげる》が立会人として集まり、次のような密約文書が作成された。

一、自由民主党の新総裁および首班指名候補者には、大平正芳氏は福田赳夫氏を推挙する。
一、総理総裁は不離一体のものとするが、福田赳夫氏は、党務は主として大平正芳氏にゆだねるものとする。
一、昭和五十二年一月の党大会において、党則を改め、総裁の任期三年とあるを二年に改めるものとする。

右について福田、大平両氏は相互信頼のもとに合意した。

昭和五十一年十一月

福田赳夫（花押）
大平正芳（花押）
園田　直（印鑑）
鈴木善幸（花押）

なお、保利だけは、署名していない。さらに二回目の会談で、文書は二通つくられ、一通は園田直が、もう一通は宏池会で保存された。

かくして、昭和五十一年十二月十四日、第三十四回総選挙の敗北の責任をとり三木は退陣、かわって福田内閣が成立した。

密約どおり、党幹事長には大平が座った。

六助も、福田、大平密約の陰の功労者として、当然、入閣……と待っていたが、横槍が入った。それも宏池会の鈴木善幸からであった。

結局、鈴木が農相として入閣し、やはり密約の立会人である園田が官房長官になった。

六助は、割りを食い締め出され、かわりに国会対策委員会の筆頭副委員長のポストをあたえられた。

六助は、その直後、さすがにぼやいた。

「福田さんも、総理になってみると、まわりの意見で進退もままならぬようになるものかねえ」

しかし、六助も、それ以上は不満をいわなかった。

〈大先輩の鈴木には、大きな貸しをつくったことになる。それも、やがて活きてくるだろう〉

福田は、総理として内閣を司り、大平は、総裁として党を司るという、いわば実質的な総理総裁分離がおこなわれ、最初の一年間は、二人の関係は蜜月ムードに包まれていた。

しかし、福田政権発足の二年目に入ると、福田と大平の確執が表面化していった。二人の間に結ばれた二年交代密約の手形決済が近づいてきたからであった。

福田は、再選に色気を示しはじめ、大平は、約束の実行を迫りはじめた。

福田の動きを知った六助は、怒り狂った。

〈福田の狸《たぬき》め……赤坂の料亭で、おれに一年半でもいい……とまで約束しておきながら……〉

六助の脳裏には、日米新安保条約の締結を前にした昭和三十四年一月十六日の歴史に残る密約事件がかすめた。

大野伴睦《おおのばんぼく》、河野一郎《こうのいちろう》の機嫌を損じては、日米新安保の遂行体制はつくれないと計算した岸信介《きしのぶすけ》は、十二日に内閣改造をおこなったあとの一月十六日夜、帝国ホテル「光琳の間」に、この二人を招いた。この席には、岸の実弟の佐藤栄作の他に、右翼の黒幕であり、大野、河野の支援者であった児玉誉士夫《こだまよしお》、児玉の盟友・萩原吉太郎《はぎわらきちたろう》、永田雅一《ながたまさいち》の民間財界人が、保証人の形でつらなった。

この席で「岸辞任後の総裁は大野、河野、佐藤の順序で行く」ということが、承認された。岸は「申し合わせた件については協力一致、実現を期する」という一札を書かされた。

が、その密約書は反古《ほご》となり、大野も河野も、ついに総裁の座につくことなく終わる。結局、佐藤がまんまと総裁の座につく。

六助は、

〈おとうちゃんを、第二の大野にしてなるものか……〉

と覚悟を決めた。

さっそく、知り合いの新聞記者や政界の人間に、いわゆるアングラ情報を流す作戦に出た。

「じつは、福田は、総理を二年でやめるはずだったんだ。それは、大平との間に、とり交わされた書類に、ちゃんと書いてある」

相手が人間の信義に反する手に出るなら、こちらも平気で人間の信義に反することをやってやる。六助の主義であった。

福田、大平の間に〝密約〟があった、という情報が、政界を飛びまわり、福田をゆさぶった。

このとき以来、六助は、「おしゃべり六助」「うわさの六チャンネル」「神出鬼没の六さん」との異名をとるようになった。

六助が密約を〝暴露〟したことで、福田の信用は地に堕ちた。六助の狙いどおりであった。

結局、福田と大平の戦いは、「四十日抗争」のはて、総裁予備選で、大平が福田を破り、大平政権をつくった。

六助は、「大平クーデター」「福田、大平密約の立役者」「密約の暴露」と、「おとうちゃん」のために尽くした功績を買われ、昭和五十三年十二月七日には、大平内閣の官房長官に就任した。

田中六助は、

「われ、大平の口舌とならん」

と、口の重い鈍牛総裁の代弁者を買って出た。

〈大平さんは、思ったことを充分にはいえない。おれは、大平さんが二をいったら、官房長官として、八をいって補おう……〉

しかし、「おしゃべり六さん」の異名をとった田中六助、放言、失言、舌禍事件の連続であった。

昭和五十四年の七月二十日、大平の早期解散論に、福田、三木をはじめとする反主流派が強く反発、自民党がまっ二つに割れたのを収拾するため、大平、福田、三木の三者会議が、首相官邸の小食堂でもたれた。

大平は、膝詰談判が苦手で、まして三木の粘っこさに辟易《へきえき》していた。〝助っ人〟として、官房長官の田中六助の同席を求めた。

ところが、会談がはじまると、三木がいった。

「田中君、きみイ、退席してくれんか」

大平は「いいじゃないか」となだめたが、三木はそれに応じなかった。曲者《くせもの》の田中六助が同席していては、大平を攻めにくいとの判断があった。結局、田中六助は追い出されてしまった。

憤然として食堂を出てきた六助は、取り囲んだ記者を前に、顔を真赤にし、早口でまくしたてた。

「長老の密室政治には反発を感じるよ。いまに見ておれ、という気持だ。だいたい頭の呆けている連中が鳩首《きゅうしゅ》協議をしたって、どうしようもないんだ。密室政治はいかん、といったのは三木じゃないか。それを三人で密室政治をやっているのはどういう了見なんだ。老害政治だよ、これは……」

後になって「『頭の呆けている連中』という個所は、いわなかったことにしてほしい」と記者団に申し入れたが、これを伝え聞いた福田、三木は、激怒した。

これらの事件によって、新たに「チョンボの六さん」はては「大平内閣のアキレス腱」とまでいわれはじめた。

さらに、田中六助に「首切り六助」の異名が加わった。

昭和五十四年十一月の第二次大平内閣で、六助は、党の筆頭副幹事長になった。

ところが、翌五十五年三月のロッキード裁判で、青嵐会の暴れ者浜田幸一《はまだこういち》のラスベガス賭博事件が明るみに出た。

浜田幸一が、サンズホテルで約四億五千万円の負債をつくり、小佐野賢治《おさのけんじ》が支払ったというのだ。

大平は、衆参ダブル選挙を前に、自民党の〝浄化〟を迫られ、浜田幸一と、金権選挙で話題を呼んでいた糸山英太郎《いとやまえいたろう》の出馬を断念させねばならなかった。

六助は、大平の意を受けて浜田幸一のところに談判に出かけた。

六助は、大平が、

〈六助にまかせておけば、無理しても実行してくれるだろう……〉

と思っていることがわかり、みんなが二の足を踏んでいた浜田幸一に談判に行くことを意気に感じてさえいた。

〈浜幸も任侠に縁の深い男かもしれんが、おれも川筋者たい〉

六助は浜田幸一に会い、しんみりした口調で説得した。

「浜ちゃん、辞めた方がいいよ。それが、あんたが大好きで奉公したいといっていた自民党のためなんだ。あんたは、政治家として国家国民に奉仕するといっているが、辞めることがそうであったらどうするんだ。率直にいって、ぼくは辞めてほしい」

六助は、浜田幸一の眼をジッと見て、つづけた。

「浜ちゃん、禅の道元の言葉に、『花は咲き咲きて咲く、花は散り散りて散る』というのがある。咲くのも散るのも、おなじ桜なんだ。いったん散ることで、またフェニックスのように生きていくことができるんじゃないか。ここで死んで自民党を救うのも、浜ちゃん、立派なことだよ」

六助は、さいごに、

「浜ちゃん、人間、百も二百も生きるなら、別なんだ……いくらおれが水ぎわまで連れてきても、水を飲むのは、きみなんだよ……」

男意気に感じるタイプの浜田幸一は、六助の言葉に、きっぱりと答えた。

「わかったよ、六さん」

浜田幸一は、議員を辞職したあと、六助の腕に唸った。

「おれも相当の自負があったが、切った張ったは、六さんの方がはるかに上手だよ」

六助は、糸山英太郎にも引導を渡した。

大平総理は、六助の芸術的ともいえる手際のよさを、重い口を開いて絶賛した。

「ぼくには、とうていできんこと……」

田中六助は、このとき「首切り六助」の他に「落としの六さん」の異名をもたてまつられた。

大平総理急死――鈴木善幸内閣樹立の立役者

昭和五十五年五月十六日、社会党から出された大平内閣不信任案が衆議院本会議で成立した。反主流派の福田派と三木派は本会議場に入らず、不信任案に賛同する姿勢をとった。おなじく反主流の中曽根派は、不信任案成立寸前に本会議場へ入ってきたが、力にはなりえなかった。

不信任案が成立し、大平は、各大臣、秘書官らに取り巻かれ、騒然とした中を、国会二階の閣僚控室に帰ってきた。六助も、このときそばにいた。

各大臣が、口々に詰めよった。

「総理、どうするんですか！」

大平は、ここで一言叫んだ。

「解散だ！」

そのとき、反主流でありながら内閣不信任案成立寸前に一派をひきつれて衆議院本会議場に駆けこんできた中曽根康弘から、電話が入った。

中曽根は、悲痛な声で、一息にしゃべった。

「大平さん！　私になんでもいってくれ。あなたのためなら、犬馬の労をとります！」

中曽根は、三木、福田側からすれば、寝返って大平側についたわけである。

このとき、六助は大見得を切った。

「総理、私は、ここで死にます！」

なにをいいだすんだ六助！　というかんじで、大平は田中六助の顔を驚いて見た。

六助は、きっぱりといった。

「こうなったら、衆参両院の同時選挙しかありません！」

今後の戦略を、ずばりいってのけたわけである。

六助は、こういった急場の対策に、ひどくたけた人物である。

大平も、即断した。

〈いまは、それしかあるまい……〉

そのあとの六助の処置が、また早かった。

選挙を掌握する当時の自治大臣が、田中派の後藤田正晴《ごとうだまさはる》、これに官房長官の伊東正義、大平、そして六助の四人で、昭和五十五年六月二十二日を衆参同時の投票日と決め、閣議決定した。

内閣不信任案が成立して三日後の五月十九日、衆議院は解散した。まさか選挙になるとは思っていなかっただけに、衆議院議員は、てんやわんやの大騒ぎになった。

参院選公示の五月三十日、大平は、遊説第一声を新宿であげた。

この選挙に、大平は、自分の政治生命のすべてを賭けていた。それまで、のらりくらりの演説で「アーウー宰相」なんて呼ばれていた大平が、この第一声では、腕をふりあげ、激烈な口調で聴衆に呼びかけた。鬼気迫るものがあった。しかし、演説を終えた大平は、「気分が悪い……」と近くの者に訴えた。

大平は、新宿から神奈川をまわって帰宅すると、「心筋梗塞」で倒れた。深夜、虎の門病院へ入院するという大事件になった。

現職の首相が入院した、というので、大平の側近代議士らはひどく神経質になった。

病室に入れるのは、田中六助、佐々木義武、伊東正義、鈴木善幸、それに大平の女婿で、当時大平の秘書官であった森田一《もりたはじめ》だけに限られた。当時の自民党幹事長の桜内義雄《さくらうちよしお》すら、入ることを許可されなかった。

大平が亡くなる数日前に、六助は虎の門病院の大平を見舞った。

大平は、六助にいった。

「おまえ、あちこちの応援に駆けつけ、飛行機で飛びまわっているが、飛行機が落ちたらどうするんだ……」

六助は、平然と答えた。

「総理、わたしは、もともと、特攻隊の飛行機乗りじゃあないですか。空はいいですよ。苦しみのない無の空を見ているのが、わたしは大好きですよ」

大平は、細い眼をいっそう細めていった。

「そうだったなあ……飛行機に乗っていたなあ……」

六助は、三重県の鈴鹿海軍航空隊で、特攻部隊の教官として、特攻機に乗って出て行く搭乗者の名前を黒板につけていたころを想い浮かべながら、小さな声でつい、ダンチョネ節を歌いはじめた。

♪沖の鴎と飛行機乗りは
どこで散るやらネ
果てるやらダンチョネ

歌い終わると、今度は、大平がいった。

「六さん、『無法松の一生』がうまかったじゃないか。歌ってみてくれ……」

立ち合いの医師は困ったような表情をしたが、田中六助は、かまわず、捻るように低い声で歌いはじめた。

大平は「もう、おまえ、帰れ」と口ではいったが、六助の歌うあいだ、六助の手を握りっぱなしで、決して放そうとはしなかった。

それが、大平と六助とのこの世でのさいごの別れとなった……。

六月十二日午前三時半に、大平は息を引きとった。

六助は、大平の死の枕元で、大平に誓った。

〈おれは、自分の体の悪いことは知っている。しかし、体が悪いからこそ、できるうちに、やれるだけのことはやります！〉

六助は、三十代の後半から糖尿病に悩まされていた。

彼は、大平にそう誓うや、即座に、首相の臨時代理選びに入った。大平派の伊東正義官房長官の説得にかかった。

「大平総理の意を受けているのは、あんただけ」

「倉石さんがいます」

福田派の倉石忠雄《くらいしただお》法相を……としぶる伊東に六助はいった。

「他派に譲ると、首相執務室の金庫の鍵をも渡さなきゃならない。それでも、いいのか……」

伊東官房長官を説得し終えると、つぎに大平の女婿の森田一の説得にかかった。

「こういう場合、投票日の三日前までなら、立候補できることになっている。いまこそ、きみが大平さんの跡を継いで立候補すべきだ。きみが立て！」

そうやって、いちはやく臨時首相代理と、後釜を決めてしまった。

六助は、大平が死んだあとの記者会見で、

「次期総裁は、どうするんですか」

という記者の質問に、こう答えた。

「大平さんの喪が明けないうちに、生臭い話をするな！　おれは、いま、喪に服してるんだ。そんな質問をするのは、失礼じゃないか！」

そうぶちまけると、さっさと席を立って出て行ってしまった。

ところが、彼は、〝喪中の工作〟に奔走しはじめていた。

いっぽう、大平が死んだ昭和五十五年六月十二日のその日、ホテル・ニューオータニの一室で、田中派の二階堂《にかいどう》進《すすむ》と小坂徳三郎《こさかとくさぶろう》、そして大平派の鈴木善幸が会っていた。

二階堂が、鈴木にいった。

「鈴木君、つぎは、きみだぞ……」

「冗談じゃない、総裁を宏池会が二度つづけては、やれませんよ。こんどは、きみです」

「なにをいう。おれはロッキード事件で、灰色高官といわれてるんだ。できるわけがない……」

鈴木は、この会談で、総裁選におれが出てもいいのでは……という感触を持った。

六月二十二日、衆参ダブル選挙の投票がおこなわれた。その翌日の二十三日の夕方、鈴木は、六助を、虎ノ門のアメリカ大使館近くにある、日本自転車会館五階の宏池会事務所に呼んだ。

「六さん、きみがもし走りまわってくれれば、鈴木内閣ができるかもしれない……」

「善幸さん、本気ですか?」

「ああ、その気持ちは十分にある」

「わかりました。やってみましょう」

新聞の予想では、次期自民党総裁は、中曽根康弘か、河本敏夫《こうもととしお》か、宮沢喜一の三人のうちいずれかということになっていた。鈴木善幸の名は、挙がってもいなかった。

六助は、それゆえにいっそう、

〈おれの出番だな……〉

と燃えていた。

六助は、ドイツの社会学者マックス・ウェーバーに惚れこみ、日本でも有数のウェーバーの研究家であった。特に『職業としての政治』が好きで、つぎの言葉を繰りかえし心の中でつぶやいていた。

「政治家とは、不可能を可能にすることを天職と思わなければならぬ」

いまこそ、誰しもが総理大臣の座に就くことを不可能と思っている鈴木善幸を、総理の座に就けてみせる。おもしろいゲームがはじまるのだ。

〈大平のおとうちゃんへの追善供養の意味をこめて、力のかぎりやってみせる！〉

六助は、その夜、宏池会の鈴木につぐ、二番番頭的な地位にある斎藤邦吉《さいとうくにきち》に電話を入れた。

鈴木の総裁選出馬の意思を伝えるとともに六月二十四日、午前中に会うことを決めた。

斎藤邦吉とは、衆議院第二議員会館の斎藤の部屋で会った。

斎藤が、切り出した。

「六さん、善幸さんで大丈夫なのか？」

「しかし邦さん、ウチとしては、ほかに誰がいるか？　善幸さんじゃなければ、宮沢ということになるけど、宮沢じゃ派内がまとまらない。しかし、宏池会としては、善幸さんと宮沢のどっちかで候補を立てて、それで引くなら引いても高く売れるでしょ」

「よし、善幸さんか宮沢か、まず派閥内を固めてみるか」

「そうしよう。邦さん。あんたは宮沢で動いてくれ。おれは、善幸さんでまわってみる」

六助は、斎藤邦吉の事務所を出ると、その足で、宏池会事務所に鈴木を訪ねた。

総裁選ともなると、大金が必要になる。彼は、それが気にかかっていた。

六助は、鈴木にズバリ訊いた。

「総裁選に出るのはいいけど、ところで善幸さん、肝腎の金はあるんですか?」

鈴木は、頭をかかえこんでしまった。

六助は、そこで考えた。

〈金がなければ、選挙はできんなあ。話し合いで、一本にまとめていくしかない……〉

六助は、「ほかをまわってきます」といい、宏池会事務所を出た。

残された鈴木は、金をどうするかで、頭をかかえこんだままであった……。

ところが、六助が出て行き、しばらくたった午後三時すぎ、鈴木にとっては、天の恵みのような話が舞いこんできた。

宏池会事務所にいる鈴木へ、電話が入った。

「もしもし、西武の堤義明《つつみよしあき》ですが……」

鈴木は、思わず、

〈えッ?!〉

と、心の中で繰りかえした。

〈堤義明……〉

堤は、鈴木に、こういった。

「鈴木さん、あなたが、今度総裁選に出馬なさるという話を耳にしました。お金については、わたしが全面的に応援します。精一杯がんばってください」

この堤からの電話で、鈴木は、

〈よし、いける！〉

と、がぜん元気を出した。

義明の親父であり、堤コンツェルン総帥であった堤康次郎《やすじろう》は、かつて衆議院議長をつとめ、宏池会をつくった池田勇人と仲が良かった。

その康次郎が昭和三十九年に死に、跡を義明が三十歳の若さで継いだ。

義明は、西武という大企業を一身に背負い、政界人にいろんな点で便宜をはかってもらおうと、宏池会に働きかけた。

ところが、宏池会というところは、高級官僚出身者特有のエリート意識が強く、宮沢など、東大法学部卒で、高等文官試験にパスした大蔵官僚しか人間として認めないという意識がある。

そんなところへ、まだ若い義明が行っても、誰も相手にしなかった。

そんな宏池会の中で、鈴木は、農林省水産講習所卒業という異質な肩書の人間で、ざっくばらんな性格であった。

その鈴木が、義明を、いろんな政治家に紹介したり、連れて行ったりした。過去にそういった二人の関係があった。そのころの恩義を、義理堅い義明は忘れていなかった。

さて、六助は、そういうことはつゆ知らず、六月二十四日、総裁選候補と目されていた福田派の安倍晋太郎、青嵐会会員の中川一郎《なかがわいちろう》と茅ヶ崎《ちがさき》のスリーハンドレッドクラブでゴルフをしながら会っていた。

六助は、まず福田派の安倍に、こう切り出した。

「安倍ちゃん、どうすんだ、総裁選に立つのか……」

「六さん、おれ、疲れたんだよ。去年の四十日抗争、こんどの不信任案……。反主流派にいるってことは、辛いもんだよ。情報も、金も入ってこないし……」

そばにいた中川がいった。

「おれも疲れたよ。今回、総裁選を争う気はないよ……」

六助は、すかさず、突っこんだ。

「そうか。それじゃ、ウチの善幸さんはどうだ」

安倍と中川は、びっくりした。

安倍が、訊き返した。

「えっ？　善幸さん……？　しかし、それで党内はまとまるのか？」

それからが六助の、腕の見せどころであった。

六助は、二人を交互に見ていった。

「それじゃ、まとめたら、賛成してくれるか？」

「………」

「だって、もし中曽根をかつげば、きみたちだって推しにくいだろ？　河本だと、逆にこっちが推せない。かといって、ウチの宮沢じゃ、角さんがのってこん」

田中角栄は、大の宮沢嫌いであった。

「うーん……」

「よし、それじゃ、おれ、よそをまわってみるわ」

六助は、その夜、鈴木と電話で話し合い、安倍、中川の反応を伝えた。

報告を受けた鈴木が、六助にいった。

「六さん、金を全面的に出すという人間がいる。だから、総裁選の根まわしは、思うぞんぶんやってくれ」

六助は、ここで、

〈よし〉

と、がぜん燃えた。

翌六月二十五日の午後、六助は、御殿場《ごてんば》の岸信介元首相邸へ車をとばした。

六助は、岸と会い、福田に強い影響力を持つ岸に、福田を説得するように頼んだ。

「岸さん、あなたは、こんどの総裁選に、あなたの政治生命のすべてを賭けなければいけないんです。下手すると、こんどの選挙は、日本国の将来をあやまることにもなりかねません。いったい、あなたは誰を考えていらっしゃいますか」

逆に、岸が六助に訊きかえした。

「きみは、誰がいいと思ってる?」

六助は、断言した。

「鈴木善幸しかいません」

「え?」

岸は、驚き、また訊きかえした。

「鈴木で党内がまとまるのか?」

「岸さん、いま求められているのは、党内の〝和〟です。善幸さんは、総務会長として、八期九年、党内のまとめ役をやってきました。彼こそ、この時代の総理総裁としてふさわしいと考えます。じつは、この問題について、昨日、安倍とも話し合った。安倍は、反対しないといいました」

「しかし、それでまとまればいいが……」

「あなたが、まとめてくれなきゃ、誰がまとめられるというんですか! あなたも、それでやってください！」

六助の気迫に押され、岸はうなずいた。

「わかった」

「わかったら、すぐに福田さんに電話してください！　おれは善幸さんのところに帰り、あなたの意向を伝えます。そして、角さんにも、岸さんの意向だから、ということで説得しますから、電話をあと二、三時間のうちに福田さんにしておいてください」

六助は、岸に諒解をとりつけると、その足で、田中角栄邸へ向かった。

六助は、田中角栄にいった。

「角さん、あなたは昨日、善幸さんでは党内がまとまらないだろうといわれましたが、先ほど岸さんと話したら、岸さんは『角さんもそれに賛成なら、いいだろう』とおっしゃいました」

田中角栄は、答えた。

「六さん、ほんとうにそうなのか？　それで、まとまるんなら、いいけどな」

六助は、

〈しめた！〉

と思った。

すでに、反主流の急先鋒だった福田派の若頭的存在の安倍晋太郎に話をつけ、さらに福田派に対して隠然たる影響力を持つ岸信介も諒承している。ここで、田中角栄をも説得することができた。もはや、福田の出る幕はなくなってしまった。

六助の裏舞台での活躍に対し、表舞台では、総理総裁をねらう三木派の河本敏夫《こうもととしお》が、意欲を燃やしていた。三木武夫元首相を訪ね、

「派閥をゆずって下さい」

と談判し、三木も同意し、河本は派閥を受け継いだ。

それを聞いた六助は、岸、田中と会った六月二五日の夜、尾山台の自宅で、集まった新聞記者を前に、言い放った。

「いまは、大平さんの死を厳粛に受けとめて、喪《も》に服さなきゃならんときなのに……」

ところが、六助は、このときすでに、鈴木総理実現をほぼ確実なものにしていたわけである。

六月二十九日、箱根《はこね》で静養していた福田赳夫が、急転直下、党内のすみずみまで聞こえるように宣言した。

「鈴木善幸氏は、誠実な人である。つぎの総理総裁になることは、十分に理解できる」

翌六月三十日、鈴木は、宮沢を宏池会事務所に呼んでいった。

「宮沢君、きみを総裁にどうかとがんばってみたんだが、角さんがどうしても諒承しなかったんだ。ついては、わたしの内閣を助けてくれないか……」

これで、すべて終わった。

七月九日、次期総裁を検討するために、自民党最高顧問会議が開かれた。ところが、ふたを開けてみると、総裁選出劇はすべて終わってしまっていた。

最高顧問の一人、宏池会の前尾繁三郎が、慨嘆《がいたん》した。

「なあんだ、幕が開く前に、芝居が終わってるじゃないか……」

鈴木総理大臣が決定したときの記者会見で、記者が、六助に迫った。

「六さん、自分は喪に服しているといいながら、これは、どういうことなんだ」

六助は、にやりと笑っていった。

「形見《かたみ》分けするのは、たいがい喪中のときなんよ。だから、鈴木総理をつくったんよ」

六助は、鈴木を総理に担いだ功績を認められ、念願の通産大臣に抜擢された。

田中六助、壮絶な権力闘争

田中六助は、東京永田町《ながたちょう》の自民党本部から、いつもと変わらぬ顔をして、政務調査会長用の黒塗りのトヨタクラウンで出発した。

昭和五十八年十月二十二日土曜日の午後四時十五分過ぎであった。田中角栄元首相に「懲役四年、追徴金五億円」の一審判決が下った十一日後のことであった。

「六さんの動きが怪しい。田中元総理の首切りを狙っているらしい」

と目を光らせていた新聞記者たちも、六助の行き先を怪しむ者は、いなかった。

じつは、六助、白昼堂々、田中角栄邸に乗りこもうとしていたのであった。

六助は、昭和五十六年十一月三十日、第二次鈴木内閣成立と同時に、はじめて党三役の一つである政調会長に就任した。

六助は、「一六戦争」と呼ばれる宮沢喜一との覇権争いをめぐり、少しずつ次期総理候補といわれる中曽根康弘にすり寄っていた。宏池会の跡目は、会長の鈴木善幸が宮沢と親戚関係を結んだことで、ほぼ自分には回ってこない、と読んでいた。

自分が生きのびる道は、次期総理候補の中曽根に近づき、中曽根総理を実現させることだ。

六助は、逐次、中曽根に鈴木の情報を伝えた。鈴木に退陣の意志のあることを掴み、真っ先に伝えたのも中曽根であった。

中曽根も、六助の行動力と情報収集力を買っていた。

昭和五十七年十一月、中曽根内閣が成立すると、六助は、自民党政調会長に留任し、ニューリーダーの一隅を確実に占めるようになっていた。

田中角栄は、「所感」で、「絶対に議員を辞めない」と言い張っていたが、六助には、

〈ひょっとしたら……〉

という一縷《いちる》の望みがあった。

六助は、岸や中曽根総理に連絡をとった。二人に、

「一度、直接に胸の内を聞いてみてくれまいか」

と頼まれた。

「それでは……」

と引き受けさっそく行動に移そうとしていた。六助ならではの出番であった。

今後の自民党にとって、田中角栄をどうあつかうか……は重大な問題であった。

しかし、いざ田中角栄に会おうとしても、至難の業であった。

六助、このとき六十歳。前年の一月二十七日の衆院本会議で代表質問に立ったとき、新聞の一面トップの見出しほどもある特大の文字で記した電話帳そこのけの分厚い原稿を持ちこんでおきながら、原稿が読めず立往生してしまった。糖尿病がいよいよひどくなり、ついに白内障までひきおこしたのであった。

すぐに入院し、一時は「再起不能か」「失明か……」とデマを飛ばされたほどである。それほどの体の苦しさを押し、この年で、政調会長の気取りも品位もかなぐり捨てて、スパイ映画の「００７」さながら待機させておいた宅急便の軽トラックの荷台に身を隠して乗り込み、みごとに目白の田中角邸に侵入し、角栄との密談をやってのける人物は、政界広しといえども、

六助しかいまい。

もちろん、宏池会の跡目をめぐって、「一六戦争」とまで呼ばれて争っているライバルの宮沢喜一にはとてもできない芸当だし、プライドの高い宮沢は死んだってやるまい。

まさに、「神出鬼没の六助」の面目躍如といえよう。

田中邸の玄関の前に着くと、警備のお巡りが宅急便のトラックを止めた。事前に早坂茂三《はやさかしげぞう》秘書に連絡してあったから、田中邸の門はスムーズに開いた。が、張り番をしていた新聞記者たちが車に寄ってきて、ジロジロと運転席や荷台の窓をのぞきこむ。

〈見つかるわけはない……〉

とは思っていたが、六助、さすがに緊張した。

そのうち、

「誰も乗っていないようだ。ただの宅急便だよ……」

とぶつぶついいながら離れていった。

結局、六助の角栄邸潜入が伏線となり、それから六日後の昭和五十八年十月二十八日、ホテル・オークラで中曽根、田中会談がひらかれた。

田中角栄は、ついに辞職せず、十二月十八日に第三十七回総選挙がおこなわれた。自民党は解散時の二百八十六から、二百五十に議席を激減させた。田中角栄のロッキード判決の影響であった。

総選挙の翌日開票が進んでいる十九日の午前十一時、自民党の敗色は濃厚だったが、東京、大阪などの大都市部の行方は、まだわからなかったときである。

顔面蒼白で党本部に現われた中曽根に対して、田中六助が開口一番、言い放った。

「総理、これは予算委員会の逆転は必至ですよ。新自由クラブを取り込みましょう。それしか活路はない。わたしにまかせて下さい」

マックス・ウェーバーの、

〈政治家とは、不可能を可能にすることを天職と思わなければならぬ〉

という言葉を座右の銘としている田中六助、危機に立たされれば立たされるほど、

〈おれの出番……〉

と燃えてくる。

六助はただちに、国会から車で五分ほどのところにあるホテル・オークラ七階の特別室七三〇、七三一号を予約した。期限は未定。

二十一日から、田中六助は党本部の政調会長室を「ちょっと」と抜け出しては、この部屋に身を隠した。

ホテル・オークラ本館の七階は、テラス式の庭園を持ったデラックスルームがならび、外人

などに人気のある茶室「聡松庵」もある静寂なフロアである。外部からの通行人は、ほとんどない。人目を忍んで密会するには絶好の場所である。

六助は、その特別室に、連日、新自由クラブの田川誠一《たがわせいいち》、河野洋平《こうのようへい》、山口敏夫《やまぐちとしお》らを招いた。

招き方は、きわめて丁重であった。自分より年齢も若く、当選回数も下の河野や山口にまで、

「先生のご都合のよろしい時間で結構ですから、ぜひお越しいただけませんでしょうか」

と密談を誘った。

当時、社会党や公明・民社両党など野党内部でも、ここで新自由クラブに逃げられたら、せっかくの与野党伯仲《はくちゅう》状況が崩れると警戒心が強かった。

それだけに、六助の工作がもし事前に露見したら、新自由クラブは、話を、白紙に戻す公算が大きかった。オークラでの密談は神経質なくらい人目を避け、新自由クラブの幹部たちは、ホテルに入った玄関と出口を変え、カモフラージュした。

六助は、話を成立させるために、新自由クラブの幹部に、中曽根首相の承諾もなしにいった。

「連立ということになれば、閣僚ポストも、約束する。金のめんどうも、みる」

それを聞いた中曽根は、六助を叱った。

「六さん、そういう約束を勝手にされたんじゃ、困る！」

田中六助も負けてはいなかった。

「そうですか。そうおっしゃるなら、わたしは、この件から手を引きます。わたしは、総理のためを思ってここまでやってきたのに、そういわれるんなら、仕方ありません……」

中曽根は、六助なしには、この工作が成功しないことは、百も承知していた。

「いや、六さん、待ってくれ。いいから、好きなようにやってください」

六助は、にやりと笑った。

六助の綱渡りのような折衝のすえ、連立の話はまとまった。

この連立により、実質安定多数を確保し、秋の総裁再選に望みをつなぐことができた中曽根は、六助に感謝してもしきれない気持を抱いていた。

十二月二十三日、中曽根は、最高顧問会議で田中角栄排除の総裁声明を出すことで、首相批判を収拾、翌日「いわゆる田中氏の影響を排除する」という総裁声明を発表した。

この日、中曽根は、六助を呼んでいった。

「六さん、今回の連立を成功させた功績で、あなたを幹事長にと思っているんだが、どうですか」

六助は、心の中でしめた、と思いながら答えた。

「それは、自分だけの問題ではありませんから、総理から、鈴木善幸さんのほうに話してくださいよ」

中曽根は、国会開始の前日にあたる二十五日、電話で鈴木にいった。

「六さんを、幹事長にと思っているんですがいかがですか」

鈴木は憤然として答えた。

「それは、ダメです。うちの会長代行である宮沢を幹事長に、というのがスジじゃありませんか」

「それは、もちろんわかっているんですが、六さんは、今回の新自由クラブとの連立を成功させた大功労者です……」

しかし、鈴木は、最後まで、宮沢を主張した。

中曽根には、六助を幹事長に据える深い計算があった。再選を狙うためには、やはり総裁の座を狙うライバル宮沢に、党の元締めである幹事長になられては困る。

六助を幹事長にすれば、岸信介、田中角栄とも親密な関係にあるし、寝技師としてなにかと自分のためにも役に立ってくれる。少数派閥の中曽根派には、六助的な寝技師はいない。

六助は、鈴木が自分を幹事長に据えることを渋っている、と耳にするや、国会開会当日の十二月二十六日、宏池会事務所に乗りこんで行った。

六助は、鈴木善幸に食ってかかった。

「鈴木さん、いっておきますけど、わたしは一度も〝幹事長になりたい〞といってません。わたしではダメだというのは、わたしでは幹事長はつとまらないという意味ですか」

「六さん、そういうこととは話がちがうんだ」

六助は、たたみかけるようにいった。

「すくなくとも、わたしは党のことを考えて、精一杯やったつもりです。あなたは、わたしを幹事長にはできないというが、しかし、党の規則では、党三役は総裁の指名ということになってます。いったい、どうしてわたしじゃまずいんですか。まずいんだったら、理由をいってください！」

六助は、鈴木が派閥の論理で考えているところに、党の論理をもってきた。このあたり、六助が策士であるところのゆえんである。

しかし、鈴木は抵抗を示した。

「それはわかるけれども、六さん、うちのムラ（派閥）が宮沢でいこうといってるのに、それをあえてひっくり返すことはないじゃないか」

「そうですか。わかりました。鈴木さんにまかせます。わたしは幹事長になりたいわけじゃないし、鈴木さんが勝手に決めて、中曽根さんに電話してください」

そういうや、田中六助は、事務所を飛び出して行った。

六助には、自分で泥をかぶらないで、トントン拍子に出世していく宮沢が、心情的に許せなかった。

大平が死に、文字通り駈けずりまわって、鈴木総理をつくったのは誰なんだ。それなのに、鈴木のあとは誰かということになり、ふたを開けてみると、おれじゃなく、宮沢になっていた。

宮沢は、鈴木と姻戚関係を結び、いまや宏池会のプリンスと呼ばれている。昭和五十五年二月、鈴木内閣で文部大臣をやった宮沢の母方の叔父でコトブキ技研工業取締役の堤平五の末娘・敦子が、鈴木の長男・俊一に嫁いだのであった。

六助は、宮沢のとりすました顔を脳裏に浮かべながら、歯ぎしりした。

〈泥もかぶらん、汗もかかんやつは、好かん。そんなやつに、幹事長の椅子を渡してなるもんか……〉

六助は、すぐに中曽根と、竹下登、安倍晋太郎に連絡を入れた。

自派の親六助派である阿部文男《あべふみお》、小里貞利《おざとさだとし》、渡辺省一《わたなべしょういち》ら若手代議士にも連絡を入れた。

それから、マスコミが騒ぎだした。

宏池会の内紛のために、党内調整がつかず、首班指名が、のびのびになってしまっている。

党内では、

「いつまで待たせるんだ!」

という声が湧きおこり、竹下登や安倍晋太郎らは、

「うーん、首班指名がなかなかできなくて、困っちゃうよ」

などと漏らしだした。

テレビでは、首班指名の問題よりも、宏池会の内紛のほうがクローズアップされて報道され、あたかも、会長である鈴木の力がたりないからだ、とでも受けとれるような始末であった。

鈴木も、これには頭をかかえこんでしまった。

そんなとき、宏池会事務所に、阿部文男、小里貞利、渡辺省一ら親六助派の若手代議士たちたいっせいになだれこんできた。

急先鋒の阿部が、鈴木に詰め寄った。

「どうして、六さんじゃいかんのですか！　六さんのどこが問題あるんですか！　せっかくうちのムラから幹事長を出すといってくれているのに、拍手で送り出してやることはできないんですか！」

親六助派は、こういった点で行動力、団結力ともに抜群である。いっぽうの親宮沢派は、人数こそ六助派より多いが、こういった動きは、みせない。きわめておとなしいのである。

親六助一派が去ったあと、こんどは親分の六助が、また鈴木のところへやってくるわけである。

六助はふたたび宏池会事務所に鈴木を訪ねた。

「わたしは、もう、幹事長にはなりません！　わたしは、宏池会こそ保守本流の牙城《がじょう》だと思い、宏池会のために一生懸命駈けずりまわってきました。あなたの政権をつくるときにも必死で飛びまわりました。だから、わたしが幹事長になることになったら、宏池会のために、精一杯死力をつくそうと思ってたんです」

六助は、今度は、「派のために」という派閥の論理をもってきた。

六助は、さらにつづけてまくしたてた。

「鈴木さん、それでも、あなたが『できない』というのなら、それがあなたのためになるのなら、けっこうです。中曽根さんに、はっきり断ってください！」

鈴木は、言葉もなかった。

六助は、最後に、ケツをまくった。

「しかし、ここまで恥をかかされたら、わたしの立つ瀬がありません。勝負するときは、勝負しますよ。わたしも、川筋者ですからね……」

鈴木は、六助の凄みにあわてた。六助を敵にまわすと、恐い。

「まあ、まあ、六さん、そんなことといわずに……」

鈴木は、六助をつれ、別室に去り、調整をはかろうとした。鈴木は、六助に、宮沢総理大臣をつくるために努力する、という約束をとりつけた。

六助は、ついに、初入閣からわずか五年で党幹事長の座を摑むという離れ業をやってのけたのである。

鈴木は、六助を幹事長として認めるや、全員で送り出そうということになった。事務所に集まった議員たちが、六助を拍手で送り出した。

このとき、宮沢は、近くにいたある議員に、苦虫を噛みつぶした表情で漏らした。

「わたしは、これほどの屈辱を味わったことはない……」

六助にとって、幹事長の座を掴むための裏舞台が、さいごの華であった。

幹事長に就任してからは、病状が悪化し、昭和五十九年の五、六月ごろには、幹事長室に入ってくる人間も見えないほどに視力が落ちていた。

八月二十八日、ついに東京女子医大病院に入院した。

「神出鬼没の六さん」にとって、ベッドに縛りつけられ、身動きがとれないことは、二重の意味で苦しくてたまらなかった。

ベッドの上から、自民党総裁選の動向に気をもんでいた。

ポスト中曽根の世代交代を進める意味からも、党内の一部に田中派の大番頭、二階堂進副総裁擁立の動きが耳に入ってくる。

田中六助は、十月二十一日、病床で、金丸信総務会長宛に、和紙の巻物に、毛筆で、えんえんと、

「いまは、中曽根に代わる指導者はいない……」

との書簡を書きつづった。

「床を離れるも至近……」

と一線に復帰する意欲をまず書き、政局観を列挙した。

「中曽根政権は国の内外で成果をあげ、失政はない」

「この時期に中曽根首相に代わる指導者を必要とする合理的根拠は乏しく、派閥抗争の印象を与える」

「執行部としては総裁公選規程に従って総裁を選出することが必要である。便宜に従って政権抗争の種子を残すことは戒め、安易な話し合い調整は避けるべきだ」

「時代の針は止めることも、逆回しにもできない」

「わが国の政権も若い世代へ引き継がれていくのは、すう勢」

「将来の政権のために、政治の大道を踏み外さない先例を築くことが、我々の役目」

六助は、長さ三・五メートルにもおよぶ書簡で、鈴木前首相を軸に潜行している二階堂暫定政権の動きを批判した。

この書簡に対し、党内調整工作の行動を開始した金丸は、

「幹事長の意向は十分わかった。すべてまかせて欲しい」

と、秘書を通じて六助に伝言を託した。

金丸信総務会長は、二十四日午後、党の要《かなめ》である田中六助幹事長の「意思」を明確に示し、中曽根再選の基軸を固めるため、田中六助書簡を公表した。

六助の病床からの凄まじいばかりの執念が実ったか、二階堂擁立構想は潰れ、十月三十一日中曽根は、総裁に再選された。

政局が一段落した十一月二十三日、中曽根総理が見舞いに持参した軽井沢の紅葉を見て田中六助はその心境をこう詠んだ。

野分去り　澄みわたりたり　茜燃ゆ

六助は、昭和六十年の暮れに入り、

「国会再開の一月二十五日までに退院したい」

と、退院宣言をした。

宏池会若手の田中六助系が、宮沢系に切り崩されていると聞き、いても立ってもいられなくなったのだ。

〈おのれ宮沢……〉

六助は、新聞記者のころ、朝起きるや、庭に出ては叫んでいた。

「おれは、かならず総理になってみせる！」

しかし、いつのころからか、おれは総理総裁の器ではない……と思いはじめていた。

〈おれは、大野伴睦とか川島正次郎《かわしましょうじろう》のような、裏の実力者に徹する政治家になる。大野さんも川島さんも、最後には総理への野望を持って失敗したが、おれはそんな野望は持たんよ〉

六助には、憎っくき宮沢を封じこめ、新聞記者時代からの盟友である安倍晋太郎を総理にかつぎ、自分は副総裁に徹する夢があった。

〈そのためにも、なんとしてでも退院して……〉

と願っていたが、一月三十一日、午後六時五分、ついに持病であった糖尿病の悪化にともなう心筋梗塞のため、この世から去った……。

六助は、大平の死ぬ前、病床を見舞い、大平に語った。

「わたしは、もともと特攻隊の飛行機乗りじゃあないですか。空はいいですよ。苦しみのない無の空を見ているのが、わたしは大好きですよ」

六助も、苦しみのない無の空へ飛び立っていった……。

一月三十一日の夜、田中六助死す――の訃報を聞くや病院に駆けつけた田中角栄は、眼に涙を浮かべていった。

「去年の十二月、見舞ったところ、『遺書を書いている』というので、つまらんことを考えず、ちゃんと療養しろと言ってきたのに……」

中曽根総理も、顔を青ざめさせて語った。

「いつ死んでも本望だ、と思っていたようだ。死を予期しながら、政治に自分を燃焼させた男だ。オセアニアから帰って電話をしたときは、しっかりやってくれ、といっていました。しかし、あんまり、声が弱々しいんで『六さん、栄養をつけて早く国会に帰ってこいよ』といったんですが……」

六助、この世を去りながらつぶやいたにちがいない。

「終戦が、もう一日遅れていれば、果てていた命よ。それを、これまで、裏舞台で、好きなように暴れさせてもらった。味な人生だったよ……」

田中六助への恩義

自民党幹事長を務めた古賀誠《こがまこと》は、武田良太の伯父にあたる田中六助の背中を見ながら政治家として育った。古賀から見て、田中はまさに政治をやるために生まれてきた人だった。

早稲田大学時代からすでに政治家を目指し、日本経済新聞では池田勇人の番記者となる。

一九六〇（昭和三五）年に日本経済新聞社を退職し、政治家の道を歩み始めるものの、同年の衆院選に落選。それも八人の候補者中七番目だったために、次の衆院選では公認をめぐって自民党内が揉《も》めた。池田勇人が、大野伴睦が推す中川一郎の立候補を支持することを引き換えにかろうじて公認を得た。一九六三（昭和三八）年一一月の衆院選で初当選を果たした。晴れて政治家となった田中は、まさに水を得た魚のようだった。党人派の政治家として総理の座につこうとするほどの勢いがあった。

田中は、同じ福岡県出身である古賀のことをかわいがってくれた。田中が敬愛した政治学者のマックス・ウェーバーの考えや思想について口伝えで教えられただけでなく、その著書『職業としての政治家』の英訳版をもらったこともある。その本には、要点と思われるところに傍線が引いてあった。マックス・ウェーバーは、政治家に必要な三つの要件を挙げている。

「情熱」

「誠実」

「洞察力」

古賀は、そのことをつねに胸に刻んできた。

古賀は、おそらく田中に引き上げてもらわなくても政治家にはなれたかも知れないが、それだけなら、おそらく政治家になっただけだったろう、と思っている。

まがりなりにも古賀誠としてひとつの派閥を率いるまでになり、国会議員を引退した今でも慕ってくれる人たちがいるのは、為政者としての生き方、心構えを、田中六助が自らの生き方によって、古賀に示してくれたからだ。

だから、古賀が田中六助を振り返るときに感じるものは、感謝というよりも恩義だ。

古賀誠が見る限り、田中六助ほど宏池会を愛し、保守本流を貫き、次世代に繋いでいこうとした政治家はいない。総理大臣になろうと思えばなれるだけの器でもあり、まわりが彼をそこに向けて担ぎ上げてくれるだけの信頼感もあった。

ただ、田中六助になかったものは時間だけだった。田中は六二歳という、これから政治家として脂《あぶら》が乗りきる前にこの世を去ったのだった。

武田良太は、その田中六助のＤＮＡを引き継いでいる。まさにサラブレッドだ。そのＤＮＡは大切にしたほうがいい。

保守本流と統治責任

武田良太が伯父・田中六助にふたたび「出会う」のは、田中の書いた『保守本流の直言』を通じてであった。

この本は、一九八五（昭和六〇）年一月二五日に出版されている。この六日後に田中は帰らぬ人となった。入院先のベッドの上での口述筆記で記している。まさに政治家・田中六助の遺書とも言えた。

そこには武田の知らない伯父の姿があった。

田中六助のいう保守本流とは「常に統治責任」を持つことだという。日本政治の運営に責任を持ち、その自覚と能力がある政治家や集団を指す。つまり、常に政権を担当できる能力のある政党であり、政治家であること。そして、それに対する責任と自覚を常に持っている政党であり、政治家であることだ。

武田は強く誓った。

〈保守本流を貫く政治家になろう〉

第二章

苦節一〇年、落選三回からの再起

亀井静香との邂逅

武田良太は、早稲田大学在学時、将来まずマスコミに就職し、できれば新聞記者になろうと思っていた。いずれ政治家として立候補するにしても、いわゆる「三バン」――後援会組織でもある「地盤」、知名度である「看板」、さらには資金である「鞄」の何もないため、社会的実績を作らねばならない。

伯父の田中六助もそうであったように、新聞記者出身の政治家は案外多い。

ところが、武田は、早稲田大学在学時、父親と共に、警察庁長官の山田英雄《やまだひでお》と会った。

山田は、一九三二（昭和七）年二月三日生まれ。東京大学法学部第一類（私法コース）を卒業し、一九五三（昭和二八）年四月、国家地方警察本部に入庁。中曽根内閣時代の一九八五（昭和六〇）年八月、警察庁長官に就任。昭和天皇在位六〇年式典、第一二回先進国首脳会議（東京サミット）における過激派対策の警備の陣頭に立った。

武田の父親は、山田と親しくしていた。

その話の中で、武田が、将来政治家を目指していることが話題にあがった。

山田が、武田良太に言った。

「それならいい政治家がいる。亀井静香《かめいしずか》さんに会ってみたらどう？　おもしろい人だから。そこの秘書をやるのが一番いい」

亀井は自民党中堅政治家の一人で当時、第二次中曽根第二次改造内閣の運輸政務次官を務めていた。

亀井静香は、一九三六（昭和一一）年一一月一日、広島県比婆《ひば》郡山内北村《やまのうちきたそん》（現・庄原《しょうばら》市川北町）の出身で、東京大学経済学部を卒業後、別府化学工業（現・住友精化）に入社したものの、安保闘争でのデモ隊に対する警察の不甲斐なさに腹を立て、「俺が警察を強くしてやる」と一念発起して警察官になることを決意し、一九六二（昭和三七）年に警察庁に入庁した。

一九七一（昭和四六）年には警察庁警備局で極左事件に関する初代責任者となり、成田空港事件、あさま山荘事件、テルアビブ空港乱射事件などの陣頭指揮を執った。警察庁警備局公安第一課理事官、警察庁長官官房調査官を経て、一九七七（昭和五二）年に退官した。

「いくら警察で頑張っても所詮、社会の〝ゴミ掃除〟だ。社会のゴミを出さないようにするには、政治家になるしかない」

そうした強い思いから、政治家を志した。

一九七九（昭和五四）年一〇月、亀井静香は旧広島三区から立候補し初当選した。

山田にとって、亀井は後輩にあたる。

武田は、千代田区永田町にあるパレロワイヤルの亀井事務所に、亀井をたずねた。

亀井が武田の待つ部屋に現れるまで時間があり、夜になった。

武田は、亀井の部屋にチェ・ゲバラの肖像写真が飾ってあるのを不思議な思いで眺めた。ゲバラは、キューバでカストロと共に革命政権を樹立した革命家である。そして、何よりも、キューバは社会主義国である。つまり、ゲバラは革命家であり、社会主義国家の指導者である。

亀井はあさま山荘事件をはじめ、極左過激派が引き起こした事件の取り締まりの先頭に立った警察庁出身者で、現在は自民党の実力者である。

〈世間の常識など気にせず、革命に殉じた理想主義者として評価しているんだな。意外やロマンチストなのかもしれない〉

亀井はようやく事務所に姿を現すと、いきなり声をかけた。

「おい君、メシ食ったか。腹減ってないか」

食事もせずに来たのではないか、と気を配ってくれたのである。

〈あっ、優しい人だな〉

それが最初の実感であった。

亀井とはラーメンをすすりながら語り合った。亀井の話はおもしろく、力強い。

亀井は励ましてくれた。

「自分のやりたいことをやるべきだ。そのためには、思い切ったこともやるべきだし、あらゆる努力を惜しまないことだ。悔いのない人生を歩め」

多忙をきわめていたらしく、ほんのわずか話しただけで、ふたたび出て行き政務についてしまった。武田は、亀井に興味を抱いた。

その後、武田は、大学四年生となって亀井事務所に勤めることになった。早大を卒業する履修単位はすでに修得していて、大学に通うことはほぼなかった。ボディーガード兼運転手兼なんでも屋として亀井に仕えることになったのである。政治家になるための修行の意味もあった。

武田は、じつは亀井事務所の秘書になったことを母親には内緒にしていた。

武田は、大学を卒業してまもなく実家に帰った。居間にいる母親の顔が厳しい。

武田はヒヤリとした。

〈バレたかな……〉

母親は、ひと言だけ言った。

「ふざけたことを考えなさんな」

母親の兄の田中六助は、政治家になったばかりにお金の苦労、選挙の苦労、あげくに身体まで悪くしてしまった。身内とすれば、いいことなんか一つもなかったと思っているのだ。

母親にとって政治家は天敵であった。優しい兄を奪ったとまで思い込んでいる。

その母親が、なんらかの拍子で息子が持ったばかりの名刺を見てしまったらしい。そこには

「亀井静香事務所」とある。

母親はつとめて怒りを抑えた口調で言った。

「ふざけたことを考えなさんな。政治家の事務所に就職するのは仕方がない。それが自分の選んだ所ならしょうがない。だけど、間違っても政治家になろうなんて考えたら、絶対許さんよ」

「わかった、わかった」

武田はそう言うしかなかった。

努力を惜しむな

武田は亀井のことを「先生」ではなくいつしか「オヤジ」と呼ぶようになった。

亀井は見守る目は温かったが、仕事に対しては厳しかった。ある時、武田が仕事でミスをしたことがある。

亀井はすさまじい剣幕で怒った。

「人間誰しもミスはする。しかし、仕方のないミスと、絶対にやってはいけないミスがある。おまえのミスは後者だ。本気でやっているのか。どんな仕事も、絶対に気を抜くな。一瞬たりとも、単なる仕事と思うな。政治家の仕事は、すべて国民のためのものだ。やらされている、やってやるということは、一瞬たりとも、間違えても思うな。それができないなら、辞めろ」

ただ、その後、亀井は事務所の先輩秘書を呼んで言った。

「オイ、今夜、良太とメシでも食って、励ましてやれ」

亀井は、武田の先輩に小遣いを渡していた。武田は、そのことを後に先輩から聞かされ知る。

亀井は、そうした細かい心遣いをする人物である。

ある時、武田の地元の知り合いが武田に頼み事に来た。

「なんとか亀井先生のお力を貸していただけないか」

武田は困った。しかし、地元の声を無下にするわけにもいかない。

そこで、恐る恐る亀井にその頼み事について話してみた。

すると亀井は「変な話はダメだぞ」と言ったが、「会おう」と言ってくれた。普通は会わない。

地元の知り合いの頼み事そのものは、別に特別なことではなかった。ただし、なかなか許可が下りなかったのである。現実問題として政治力が必要であった。

結局、その頼み事はなんとかなった。

のちに亀井は武田に言った。

「政治家というのは、支援者、選挙民によって生まれ、支援者、選挙民によって育てられているんだ。おまえを政治家にしてくれるのも、おまえを政治家として育ててくれるのも、おまえの地元の支援者、選挙民だ。そのために、どんな努力も惜しむな」

亀井によると、武田はフットワークが軽く頭も要領もよかったという。子どもの頃から政治家を目指していただけあって、何事にも熱心だった。

亀井は、武田にものの話し方について教えた。

「人と接する時に長話はするな。短くしゃべるんだ」

武田は亀井から教えられたとおり、簡潔に話をするようになった。

亀井は、そのうち不快な噂話を耳にした。

武田の父親の良行が「息子を亀井に預けて失敗した」と周囲に漏らしていたらしい。

武田の母親の敦子は、田中六助の末妹である。そのため政治に関して、一家言もっているのかも知れない、と思ったという。

「選挙を、なめるな！」

亀井のもとで二年ほど仕えていた頃、政界では政治改革が大きな課題となっていた。その一つが選挙制度改革で、中選挙区制から小選挙区制へと切り替わるというのである。

もしも小選挙区となれば、武田がいずれ出馬しようと思っていたかつての田中六助の地盤・福岡県四区も地区がばらける。このまま見過ごしていては、田中六助がせっかく築いた地盤に、その地域の県議会議員か誰かが自民党の公認を受けて根づいてしまうだろう。それを指を咥《くわ》えているだけでは出馬すらできなくなる。小選挙区制度になってから出るのでは遅すぎる。〈勝てるか勝てないかは二の次にして、まず名乗りを上げて、楔《くさび》を打ちこんでおかなくてはならない〉

武田は、その日を未だに忘れることはできない。一九九三年二月一日、亀井の自民党政調会長代理室。

武田は、ひっきりなしの客に昼食の時間を取られ、ようやく昼食を取ることができた。じつは、食事を終えると、亀井に重大なことを言い出そうとしていたのだ。それゆえ、昼食に食べたものもはっきり覚えている。冷めて伸びきった山菜うどんに冷奴、それにほうれん草のおひたしであった。

武田は一気にそれを平らげるや、意を決して亀井に切り出した。

「オヤジさん！」

武田はさすがに心臓がバクバクしている。

「すみません、事務所から身を退かせていただきたいと思うんです」

亀井は、目を剥《む》いておどろいた。

「いきなり、どうしたんだ？」

「選挙に出たいんです」

「選挙って、なんの選挙だ？」

「衆院選です」

亀井があきれた。

「おまえ、二四歳だろう。衆院選に立候補できるのは、二五歳からだぞ」

「次の選挙までには、二五歳になっています」

誕生日の四月一日まであと二カ月であった。

亀井が、罵声を浴びせかけてきた。

「選挙を、なめるな！」

亀井によると、確かに武田を買っており、〈将来、伸びる男だな〉と期待していた。が、いろいろな意味で、出馬するにはさすがに早すぎた。

しかし、武田は揺るがなかった。一度口に出したら、相手がいかに亀井静香であろうとも退かない。武田にも、伯父の田中六助と同じ「川筋者」の血が流れていた。

亀井も、ついに折れた。

「自分自身、命懸けで這いずりまわれ」

武田は啖呵《たんか》を切った。

「裸になっても、どのような状況でも、へこたれません」

亀井は細かい指示を出した。

「すぐに地元に帰って同級生を集めて選挙運動をやれ。選挙区内の全戸を戸別訪問しろ」

亀井は、決断にしろ、行動に出るのが光のように早い。

武田は指示を受けるや、あわてて荷物をまとめ、故郷に帰るため政調会長代理室を出た。

興奮状態で荒ぶる心を抑えながら、自民党本部六階のエレベーターに乗った。

一階に降り、エレベーターのドアが開く。一歩進みだした。

その途端、ハッと気づいた。

〈帰りの飛行機代が無い……〉

武田はエレベーターに戻り、政調会長代理室に引き返った。

威勢のいい啖呵を切ったものの、背に腹は代えられない。

亀井に頭を下げた。

「すみません。飛行機代を下さい」

「馬鹿野郎！」

亀井はそう怒鳴りつけながらも、財布から札を鷲掴みにして武田に手渡してくれた。

地盤を引き継ぐ難しさ

田中六助の秘書を務めたある政界関係者は一九九三年の初め頃、武田良太と話をした。

「おまえ、次の選挙に出るのか。まだ歳が足りないいんじゃないか。二四歳だろう」

武田はそう言うと、ニヤリと笑った。

「俺の誕生日は四月一日だから、解散になる頃には二五になっているんだ」

武田良太は、田中六助の甥ということもあり、選挙区も同じで世襲《せしゅう》議員のように言われることもある。

だが、それは世間やメディアの誤解だという。

武田の初出馬は、田中六助の死去から八年後で、地盤を引き継ぐことはできなかった。

田中六助の死去後、田中六助後援会は、新しい候補者を推すことをしなかった。そのため、六助が築き上げた地盤は、誰にも引き継がれなかったのだ。

六助の死去後、当初は、六助の妻の翠《みどり》が出馬するという話もあった。

だが、後援者の間で推す動きがなかった。みな必死に応援していた六助が亡くなり、意気消沈していたのだと思う。

妻の出馬の話が消えると、六助の長男の田中雄二郎《ゆうじろう》（現・東京医科歯科大学学長）に話があった。

が、すでに医師として活動していた雄二郎は、辞退する。

さらに次男の五郎《ごろう》にも出馬話が浮上した。

が、結局、後援会も動かず、沙汰止みになった。

田中家からは後継者は難しいということもあり、当時、田中の国会事務所に勤務していた秘書の月岡泰志が意欲を示した。

元秘書の政界関係者は月岡に頼まれ、地元の後援者の挨拶まわりに付き合ったが、結局、月岡も難しさを感じ、撤退した。

田中六助の秘書を務めあげた関係者は振り返って思う。

〈今、改めて思い起こしてみると、六助先生が亡くなり、無事に葬儀やその他の一連の秘書としての業務が終わり、毎日のように秘書たちで後継者についての情報交換をしていました。その時の後援会の多くの方々が、大物であった六助先生の後継者が誰になろうとも、頼りない小物と感じていました。要するに燃え尽き症候群のようでした〉

結局、次の衆院選では明確な六助の後継者は出馬せず、自民党公認では現職の自見庄三郎《じみしょうざぶろう》と新人で苅田《かんだ》町長の尾形智矩《おがたちえのり》が出馬した。

武田良太が初出馬した一九九三年には、すでに田中六助の後援会は存在せず、田中の地盤はなかった。しかし、だからこそ、その状態から三度の落選を経て、四度目で初当選を果たし、その後も連続当選を続けている現在の武田良太は凄いと思うという。

「おふくろ、許せ」

一方、亀井静香は事務所で、武田についてこう言っていた。

「まず自分一人でどれだけできるかを見る。それがあいつのためだ。それで政治家としての器量も試される。あとは全面バックアップする」

武田は選挙に出馬することを決めるや、選挙準備のため、ただちに福岡の地元に帰った。

夜、実家に入ると、居間から普段優しい母親の凄まじい怒りの声が飛んできた。

「あんた、とぼけんとね！」

武田が居間に入るや、母親は武田を睨《にら》みつけた。

武田はやんちゃな方だったから、これまで何度か母親から叱られたことはある。

しかし、この夜のような剣幕で怒られたことはない。

「あんた、約束が違うじゃない」

「……」

武田はひたすら沈黙を守りながら、考えていた。

〈どうしてバレたのか……〉

どうやら、武田の出馬を嗅ぎつけた地元の新聞記者が母親の元に来たらしい。

〈まぁ、バレるわなぁ……〉

新聞記者が来なくても、いずれバレる。なにしろ立候補するのは本当なのだから。

母親の怒りは、ついに爆発した。

「あんたを殺して、私も死ぬ！」

母親には、兄の田中六助の長年の苦労が重なって見えているのだ。ここで息子を止めておかなければ、兄と同じ選挙の苦しみを味あわされることになる。必死なのだ。

武田は、これ以上母親の怒りを募らせても、とつとめて冷静に苦笑しながら言った。

「俺を殺すのならわかるけれど、二人とも死んで何になるの」

息子のこの反撃は予期していなかったものであろう。一瞬、母親の怒気がフーっと抜けた。

「なに言ってんのよ。ともかくあんたを殺して、あたしも死ぬ」

言葉はそれまでと変わらぬが、怒気の勢いが微妙に落ちている。

「じゃ、俺だけ生かせよ」

「なに馬鹿言ってんの」

そして、ついにはため息となる。

「なんで、政治家なんかに……」

しかし、武田に引き返す選択は残されていない。

〈おふくろ、許せ〉

心の中で呟くしかなかった。

最下位落選の辛酸

武田は、出馬に向けて動き始めた。

その間、政治制度改革の波は政界を呑みこみ、自民党の分裂を引き起こした。野党の出した宮沢内閣不信任決議案は、自民党羽田派の小沢一郎《おざわいちろう》らの造反により可決された。

宮沢喜一総理は、ついに衆議院を解散した。政治制度改革は、是か非か。その判断を国民に委ねたのだった。

武田が二五歳となってほぼ三カ月経った一九九三年七月のことだった。

武田は、無所属の候補として七人が名乗りをあげる定数四の福岡県第四区から出馬した。ただし、無所属ながら亀井の取り計らいにより、自民党の党籍証明を受けての戦いであった。

細川護熙《ほそかわもりひろ》が率いる日本新党をはじめとして政治改革を錦の御旗《みはた》に掲げる勢力への追い風は、武田には思った以上の逆風となった。

政権交代が現実のものになるか、政治改革は本当にできるのかが注目された総選挙は、小沢一郎を幹事長とする「新生党」の旗揚げで、いよいよ戦いに拍車がかかった。

新生党からは、新人の山本幸三《やまもとこうぞう》が出馬した。「元祖新党」を任じる日本新党は、新人の植田《うえだ》義明《よしあき》であった。

武田は、田川、京筑《けいちく》地区の支持者をまわりながら訴えた。

「自民から逃げた羽田新党には、騙されないでください」

亀井静香はあらゆる形でバックアップしてくれた。

当時、衆議院議員だった石原慎太郎《いしはらしんたろう》も応援に駈けつけてくれた。

石原は、その四年前の一九八九年八月の自民党総裁選に亀井静香、平沼赳夫《ひらぬまたけお》に推される形で出馬したものの、竹下登の経世会の推す河本派の海部俊樹《かいふとしき》に敗れていた。

演説会場に到着した石原慎太郎は、六一歳ながら、若さを失わず、じつにカッコよかった。

大粒の降りしきる雨も急に上がり、太陽が雲間からのぞき、ステージに立った石原を照らしたのを見て、武田は思った。

〈『太陽の季節』だなあ〉

公示日の前日の七月三日、北九州市小倉駅前に演説会場が設けられた。

七月の選挙ともあって、まだ梅雨まっさかり。大雨の日であった。

この日は亀井静香も駈けつけてくれた。

まず武田が演説し、続いて亀井がドシャ降りのなかで応援演説をしてくれた。ずぶ濡れになりながらも懸命に訴える亀井の姿に、武田は尊敬と感動を抑えきれなかった。

七月一八日投・開票の選挙の結果は新生党の山本幸三が一位で、自民党の自見庄三郎、公明党の弘友和夫《ひろともかずお》、日本社会党の中西績介《なかにしせきすけ》の四人が当選した。

一位当選の山本幸三は、東大経済学部卒業後、大蔵省に入省。一九八七（昭和六二）年六月から宮沢喜一大蔵大臣の秘書官を務める。一九九〇年二月の衆院選では旧福岡県四区から自民党公認で出馬したが落選していた。

武田が得た票数は、一万四一七二票、得票率にしてわずか三％。最下位という惨敗だった。有効投票総数の一〇分の一未満の票であったため、選挙前におさめる供託金三〇〇万円は没収されてしまった。

武田は、亀井に浴びせかけられた「選挙をなめるな！」の言葉が、ひしひしと身に染みた。逆風もさることながら、田中六助が去った地元はすでに草刈り場となって、他の候補が根を生やしていた。いくら田中六助の甥だといっても、すぐになびくものではなかったのである。

武田にとっては、ほぼゼロからのスタートだった。すでに根を生やしている草を一つひとつ抜きとって、種を播《ま》いていく。

妻の聡子とは、武田が二度目の選挙を目前に控えていたとき、支援者が武田のために開いてくれた「励ます会」で初めて会った。武田の友人に誘われて来ていたのである。

武田の友人によると、聡子は女優にしたいほどの美しさであったという。

それから一〇年以上、聡子は、武田がなかなか当選できずに苦しい時期にある時にも、陰に日向に、武田を支え続ける。

武田はめげることなく、一九九六年一〇月の初の小選挙区での衆院選で福岡県第一一区から二度目の出馬をした。今回は自民党公認を得ることができた。

前回の最下位と違い、新進党の山本幸三、社会民主党の中西績介に次ぐ三位であったが、ふたたび落選した。

神戸を視察しよう

福岡政界に精通するA氏は、武田良太の浪人時代を知る数少ない一人だ。

A氏には、浪人中の武田の行動で印象に残っていることが幾つかある。

一つは、一九九五年一月一七日に起きた阪神淡路大震災で大きな被害を受けた神戸の街を一緒に視察したことだ。

震災発生から数年後、A氏は、武田から電話を受けた。

「被災した神戸の復興が難しいみたいだから、一緒にその現場の視察に行かないか」

A氏は、浪人している武田の立場を慮《おもんぱか》って言った。

「何を言ってんだ、お前。その時間があるなら、少しでも地元をまわれよ」

しかし、武田は熱心だった。

「それはそれ、これはこれ。いいから、一緒に行こう。実際の現場を見た方がいい」

結局、A氏は、神戸に行くことにした。武田は東京から新幹線で来たため、新神戸駅で落ち合い、震災の被害が多い地域を視察することにした。

タクシーに乗ると、武田の案内で、区画整理がされているものの新築の家が少なくプレハブの仮設住宅ばかりが多い地域に向かった。

現場を歩き、プレハブの焼肉屋で二人で食事をした。

昼時だったが、店には客はいなく、そもそも街自体に活気がなかった。

A氏は現場の大変さを知った。

〈これが現実なのか。震災から数年が経つが、復興がまだ途中というのは本当なんだな。やはり来てみないとわからないものがある。良太に誘われてついてきてよかった〉

武田は思い立つとすぐ行動に移すところがある。その時も自らの目で現場を見て、政治に何ができるのかを感じたいと思ったのだろう。

こうした武田の姿勢は、のちに防災担当大臣になった際に活きることになる。

三度目の落選で見えたもの

武田良太は、三度目の国政挑戦となる二〇〇〇年六月二日の衆院選で、自民党公認をもらい二位にはなったが、三度目の落選をする。なかなか種は実とはならなかった。

この選挙で当選したのは無所属の山本幸三であった。

だが、山本との差はじょじょに詰めていった。

初の小選挙区制度となった一九九六年の衆院選では二万四〇〇〇票差だったが、二〇〇〇年の衆院選では山本が六万八四四〇票、武田が六万五八三八票とわずか二六〇〇票差だった。山本の背中が、射程圏にはっきりと入っていた。

A氏は、ある時、武田良太の凄みを感じたことがあったという。

それは武田良太にとっての三度目の衆院選だった。

投票日にA氏のところに武田から電話があった。

「出口調査がどんな感じか、調べてくれないか」

それまでの選挙に比べて手応えを感じていたのか、武田は当選を確信しているかのような明るい声だった。

A氏は知り合いのマスコミに、出口調査の結果を聞いてみた。

すると、横一線の大接戦が予測される数字だった。A氏は武田に電話で伝えてやった。

「当選するか落選するかは半々くらいみたいだ。両方の場合の挨拶を考えておけよ」

「わかった」

A氏はさらに言った。

「もし今回落ちたら、次も出るのか」

A氏の問いに武田は笑って、

「ああ」

と応じていた。

A氏はその声を訊き、「根性が本当にあるんだな」と感心したという。

A氏は振り返って思う。

〈良太は四回目の選挙で初当選するが、もし三度目の挑戦で落選しても必ず次の選挙に出馬し、勝ってみせる、という凄まじい根性が入っていた〉

自民党の公認得られず

武田は、「三度も落選して辛いでしょう」とよく言われたが、登山をしているようなものだと思っていた。当選にこそ届かないものの毎回、票が伸びていた。当選という「頂上」がだんだん近づいている。それが支えになっていたという。

そんな武田を、さまざまな人が支えてくれた。その一人が亀井静香だった。

亀井は親分肌で、すぐに結果を求めようとはしない。目的を持ってがむしゃらに頑張る人物を認める。だから、どんなに落選を続けようが、武田を支えてくれた。武田の選挙区に駆けつけることはもちろん、自らの人脈を駆使して応援してくれた。

しかし、武田にはさらなる試練が待ち受けていた。二〇〇三年一一月におこなわれた衆院選で、自民党が福岡県一一区の公認候補と決めたのは、なんと山本幸三だった。

山本は、落選した一九九〇年の衆院選では自民党公認だったが、一九九三年の衆院選では新生党、一九九六年の衆院選では新進党で当選。その後、自民党に戻り、宏池会に所属していた。二〇〇〇年の衆院選では自民党の公認は得られず無所属で当選していた。

武田は一貫して自民党所属で戦ってきた実績があったが、今回の自民党公認は「現職優先」で山本になるというのだ。

田川市後援会長、「武田支援」までの軌跡

かつて福岡県田川市の市議会議員を一九六七（昭和四二）年から二〇一一年まで、一一期四四年も務めた田丸雅美《たまるまさみ》は、現在、武田良太の田川市後援会の会長を務めている。

田丸は、一九三八（昭和一三）年九月二八日、福岡県田川市に生まれ、田川市でずっと育った。

田丸が、武田良太のことをよく知るようになるのは、武田が一九九三年七月一四日に執行された第四〇回衆議院議員選挙に自民党公認で初出馬した時だった。

若干二五歳の武田は、この衆院選にかつて伯父の田中六助が地盤としていた福岡県四区から無所属で初出馬した。

当時は、まだ中選挙区制で福岡県四区は、北九州市（門司《もじ》区、小倉北区、小倉南区）、田川市、行橋《ゆくはし》市、豊前《ぶぜん》市、田川郡、京都郡、築上《ちくじょう》郡で構成されていた。

今でこそ武田良太の田川市後援会の会長を務めている田丸だが、この初出馬の選挙の時から武田の応援をしていたわけではない。

田丸が武田の選挙を応援するようになったのは、それから一〇年後の二〇〇三年の衆院選からだ。武田にとって、四度目の衆院選挑戦であった。

田丸は、その選挙で武田を応援するまで、武田と同じ選挙区で戦っていたライバルの山本幸三を応援していた。

田丸は、じつは武田の初出馬の時も支援を頼まれた。だが、田丸はそれ以前から山本の応援を決めていたので、断っていた。

田丸は、山本が初出馬する際、一九五五（昭和三〇）年から一九七九（昭和五四）年まで六期二四年にわたり田川市長を務めた坂田九十百《さかたつくも》の孫にあたる坂田宗近《むねちか》から山本のことを紹介されて、応援を頼まれていた。

「田川市に、ぜひ山本さんの後援会を作ってもらえないか」

田丸自身、坂田九十百にずいぶんかわいがられていたこともあり、山本の後援会作りを引き受けることにした。

それ以来、田丸は、田川市に山本の後援会「幸伸会」を立ち上げ、世話人として、一九九三年、一九九六年、二〇〇〇年と三度の衆院選を山本陣営の一員として戦うことになる。

だが、田丸の中には、武田のことをいつか応援したいという強い思いもあったという。

じつは、田丸は、田中六助とかつて深い親交があった。田中六助後援会の「六伸会」の田川市の後援会長を、当時の坂田九十百市長から頼まれて務めていたからだ。

また、田川市に隣接する田川郡福智町出身である地元の武田を応援したいという気持ちも持っていた。北九州市門司区出身の山本幸三よりも、地元出身で若い有望株の武田を政治家として育てたいという思いがあったのだ。

また、田丸と付き合いのある田川市の有力者も、武田びいきの人たちが多く、その人達からも何度も武田を応援するように頼まれていた。

田丸は、その後も武田本人から、何度も支援を頼まれていた。

だが、そのたびに山本に義理立てして、断っていた。

「私は今、幸伸会の会長をしているから応援は無理だ。でも、いつか絶対に応援する時がくるから」

山本へは今回限りの応援になり、次から武田を応援することを伝えていた。

「今回が山本先生を応援するのは最後になります。田中（六助）先生のように、地元の政治家の武田良太を育てたいんです」

田丸が武田の応援にまわることは、山本にとっては自分が苦しくなることであった。

そのため、田丸は、幾度となく山本から引き留められた。だが、武田の応援をすることを訴え続け、最後には理解してもらったという。

「四度目の正直だ」

二〇〇三年一一月にまた衆議院選挙がおこなわれることになった。武田にとって四度目の挑戦である。

この選挙から、田丸は晴れて武田陣営の一員として武田の選挙を応援することになった。当時、武田の陣営には、一一区全体の後援会の会長はいたが、田川市の後援会の会長は不在だった。そのため、田丸に白羽の矢が立った。

ある時、武田と、現在、福岡県田川郡大任《おおとう》町の町長を務める永原譲二《ながはらじょうじ》、村上駿太郎《むらかみしゅんたろう》の三人が田丸の元に来た。

「ぜひお願いします。田川市の後援会の会長を引き受けてくれませんか」

田丸も、武田の応援をする気持ちはあったが、それまで山本を応援していた自分がすぐに武田の後援会の会長になるのはどうかと思い、躊躇した。

「いきなり会長は、どうかと思うばい」

だが、三人も熱心だった。

「あんたも将来、市議を引退したら時間もできるだろう。少し頭を使っていた方がいいばい。ボケてしまうばい」

冗談まじりだが、必死で頼まれた。

結局、田丸は悩んだあげく、田川市の後援会長を引き受けることにした。

一週間後、田丸は、ふたたび説得に来た武田に言った。

「そこまで言うなら、受けさせてもらうばい」

武田は、田丸の師である田中六助の甥であり、まだ一度も国会の赤絨毯《じゅうたん》を踏んだことのない一候補者でありながら、命がけで政治に取り組むような姿勢があった。

田丸は武田からそれだけの気迫を感じ取っていた。

二〇〇三年一一月の衆院選では、前回の選挙で無所属で当選した山本幸三がその後、自民党入りしたために、前回自民党公認で出馬して落選した武田と現職の山本のどちらが自民党公認として選挙区から出馬をするのか、という問題があった。

こういったケースでは、何よりも現職で自民党に所属する国会議員の立場が優先されるため、武田が公認される可能性は低かった。

当初、自民党本部は、山本が福岡一一区から自民党公認で出馬し、武田が比例の九州ブロックにまわる方向で調整しようとしていた。

だが、敗れたとはいえ、前回の衆院選では武田は山本に約二六〇〇票差にまで迫っていた。支持者たちは「次こそは三度目の正直ならぬ、四度目の正直だ」という気持ちになっていた。なんとか選挙区から出馬できるように模索していた。

小選挙区で戦いたい

武田には、比例区からの立候補が勧められた。その裏には、自民党政調会長などを務めた亀井静香の根回しがあった。そのおかげで、比例名簿の中で確実に当選できるところに武田の名が載る段取りとなっていた。

亀井のもとを離れて一〇年近く、浪人を続ける武田に対する亀井の親心。政治家は、議員バッジをつけてなんぼである。一度議員バッジを胸につければ、流れも変わる。その思いもあったのだろう。

亀井のその気持ちが、武田にはよくわかった。しかし、川筋者の血はそれを是として呑むことはできなかった。

「ありがたいお話ですが、そのお話はお断りします。私が当選するのは、あくまでも小選挙区だと思っています」

この時も、武田が初めて出馬することを打ち明けたときのように、亀井は武田を罵倒した。

「勝手にしろ！」

が、武田もあの時のように、自分の意とするところを曲げなかった。

亀井は、テーブルにあったおしぼりを武田に投げつけるや部屋から出ていった。

武田が無所属で戦い抜くしかないことを知った地元の支援者は、むしろ、武田の小選挙区へのこだわりを理解してくれた。

選挙区内には四つの地域支部がある。地元である田川市支部と田川郡支部は「武田を公認すべきである」と主張。豊前・築城支部は「党一任」。残りの行橋・京都郡支部は、さまざまな意見はあったものの、相手の現職が支部長をということもあって、「現職を公認すべき」であった。

二勝一敗一分、地元の意見としては武田に軍配があがったわけである。

次に自民党福岡県連での意見というものがある。地域支部の声というものを最大限重要視しているものの、「現職」という肩書きを無視するわけにもいかないとの意見の中で、新宮松比古《しんぐうまつひこ》幹事長、貞末利光《さだすえとしみつ》政務調査会長が両者を党本部に推薦するとの異例の措置をとってくれた。

一般に現職がいるのにもかかわらず、新人を横並びに推薦してくれることなど考えられないことだが、武田にとってはじつにありがたいことだった。

県連が両者推薦ということを受け、党本部は最終的に調整に入った。

が、結果は残念ながら、小選挙区公認候補については現職優先という判断が重要視され、相手側の現職にということで決定がなされた。しかし、県連の二人推薦ということも最大限重視され、武田には「比例代表区公認として順位を優遇する」との決定も併せて出された。

すぐ、亀井から武田に電話があった。決定に納得のいかない武田の気持ちを心配していた。

「当選することが先決だ」

亀井にそう怒鳴られた。

いつも自分のことのように他人を心配し気遣い、温かい心で見守ってくれる人だった。

亀井は、武田を何が何でも当選させるために、安倍晋三《あべしんぞう》幹事長、森喜朗《もりよしろう》元総理に積極的に順位獲得へ向けて尽力してくれていた。

全国公認候補の発表を受けて、一〇月一一日の朝刊に候補者一覧表が掲載された。

しかし当然、武田の顔写真と名前が福岡一一区の欄にはない。そのため、有権者からの問い合わせが殺到し、対応に追われた。

武田は九州ブロック比例公認候補の欄に掲載されていたため、比例区にまわるのかという問い合わせがほとんどであった。

武田は自らの順位獲得になりふりかまわず頑張ってくれた亀井や、志帥会の谷津義男《やつよしお》事務総長の姿を目の当たりにしていたこともあり、「みんなの心を足蹴《あしげ》にするわけにはいかない」と思いつつも、比例区にまわることに対しては強い抵抗感を持ち続けていた。

自らの信念はあくまでも、ハダカになっても党の名ではなく、武田良太の名を書いてもらう選挙で闘ってこそ政治家だという強い思いがあった。

しかし、亀井の気持ちを考えると、勝手なこともできない。

その間に、身を置く武田は、人生で初めて寝られない日が続き、深刻に思い悩んだ。

いずれにせよ、全地域の後援会幹部、支援団体の代表に集まってもらい、経緯や今後の方針を候補者として説明しなければならない。

会場は行橋市の京都ホテルに決まった。当日は五〇〇人を越す支援者が全地域から集まり、現状を踏まえさまざまな意見を出し合った。

「とりあえず、亀井会長に任せて比例区にまわり、まずはバッジを付けるべきだ」

「公認をもらえなくてもいいじゃないか。皆でここまで頑張ってきたんだから闘おう」

そのような意見を聞くたびに、武田には「闘おう」という闘争心がより増してきた。

最終的には無所属で出馬するという意見が多く、各地区の代表者が翌日、東京の亀井静香に地元の意見を届け、最終的には後援会としての意見を取りまとめるということになった。

翌日、朝の一便で、柏木武美前行橋市長、田丸雅美前田川市議会議長、渡辺一豊前市議会議員、中川光雄田川郡選対事務局長の四人が上京。平河二丁目にある砂防会館の志帥会会長室で、亀井と会った。

亀井は「俺が必ず当選可能な順位を取るので比例区にまわすべきだ」の一点張りであった。

そこで、柏木武美前行橋市長が切り出した。

「良太君は若いし、必ず我々が勝たせる。無所属として政治家らしく闘わせるべきである」

柏木は田中六助の後援会長として田中をずっと支え続け、自身も市長選挙を通じて選挙の経験が豊富であり、選挙の厳しさも充分に知り尽くしていた。

「武田を絶対に落とさないと約束してくれ」

党本部の判断を受けて、武田良太後援会は、急きょ会合を開き、支持者たちの意見を訊くことなった。

「比例区で当選しても、議員とは言えない」

「やはり選挙区で武田良太の名前を投票してもらわないと、意味がない」

「小選挙区で当選した議員と比例区で当選した議員は立場が違う」

支持者たちの士気は高く、自民党の公認がなくても、無所属で出馬し、選挙区で勝負して勝とう、という意見が大多数だった。

田丸たちは、亀井を必死に説得しようとした。

「亀井先生、地元の声を訊いてください。地元では、武田を今回こそは小選挙区で勝たせたいと願う支持者がたくさんいるんです」

だが、亀井も譲らない。

「絶対ダメだ。無所属で選挙区から出て、もし落ちたら、比例復活もないからまた落選だぞ。今回は比例区で絶対に当選させるから、悪いけど我慢してくれ」

しかし、田丸たちも譲れなかった。

「亀井先生には申し訳ありませんが、私たちもこのままでは地元に帰るわけにいきません。武田の小選挙区での出馬を了承してもらうまでは、帰りません」

亀井も、田丸たちの必死な様相を見て、当時幹事長だった安倍晋三に電話で直談判をしてくれた。

「武田の地元の支持者が上京してきて、小選挙区で戦うと言って譲らない。困っているんだ」

亀井は、五分ほど安倍と電話をすると、戻ってきて言った。

「無所属でも出たいという話はわかった。でも、小選挙区からどうしても出るというならば、一つだけ条件がある」

「何ですか」

「武田を絶対に落とさないと約束してくれ。小選挙区で出るからには、絶対に勝つことを誓ってくれ」

田丸たちは、亀井に勝利を誓った。

「小選挙区で勝負させてください。絶対に勝ちます」

亀井は、力強くうなづいた。

「よし、わかった」

なんとか武田の小選挙区での出馬が叶うことになり、田丸たちは喜んで地元に戻った。

じつは、武田は亀井と支援者たちのやりとりを亀井から聞かされたのだった。支援者たちが帰ったあと、亀井はすぐに武田の携帯に電話をかけてきた。

やりとりを話したあとに、亀井は、言葉を噛みしめるように言った。

「本当に、お前は人に恵まれているな。あそこまで候補者のことを心配してくれる人々はいないぞ」

武田は今しかチャンスはないと思い、思い切って切り出した。

「オヤジさん。今まで数限りなくお世話になりながら、オヤジさんの気持ちを足蹴にするような形になり申し訳ございませんが、私は選挙でハダカになってみんなと共に闘いたい」

「バカモンが……。何が何でも勝ち上がってこい。できる限りのことはする。頑張れ」

武田の目からは大粒の涙がすでにこぼれ続けていた。亀井から破門される思いで言った武田のいわばワガママに対し、温かい励ましをもらったのだ。武田は政治家として、人間として、亀井静香の器量の大きさに改めて感謝した。

田丸ら四人は後援会が会議結果を待ち望んでいるだろうと食事もとらずに羽田空港に向かい、搭乗を待機しているところであった。

武田は、柏木の携帯に電話を入れ、亀井との電話の内容を何も飾らずに報告した。

「大変なご苦労をおかけすることになりますが、すべてを懸けて命がけで闘います。何卒よろしくお願いいたします」

四人の「ヨシ！」という力強い声が響いた。

武田の無所属での出馬が決まった瞬間だった。

それまで亀井には従順な武田が、初出馬以来初めて反抗した日だった。

鬼気迫る激戦——異体同心

田丸雅美ら四人が地元福岡に戻り、後援会のメンバーに、東京での亀井静香自民党政調会長との話し合いについて報告をすると、みんな飛び上がって喜んだ。

田丸は彼らの喜ぶ姿を見て思った。

〈よし、これで選挙になる。一人の一〇〇歩よりも一〇〇〇人の一歩の方が支援の輪も広がるはずだ〉

田丸は、この時の盛り上がりは、未だに忘れられないという。

この時の衆院選は、田丸から見ても、武田良太事務所の雰囲気が非常によく、スタッフが積極的に支持者を開拓するために動いていた。何重にも支援の輪を広げるよい選挙戦が展開できた。

鬼気迫る激戦であった。武田の体重も二週間で一四キロも減った。

この選挙では、手嶋秀昭元県議が、社民党の大御所の中西績介の引退を受けて、社民党公認、民主党推薦という形で出馬を表明した。

支持層は自民党支持層、民主党支持層、公明党支持層、共産党、社民党、その他、となる。

社民党の手嶋に民主党が推薦を出したため、残る公明党支持層と無党派層をいかにして取りこめるかが勝負のカギを握った。

全国で各選挙区二〜三万の支持者を持つと言われる公明党の支援を取り付けるかが大きなポイントとなった。

武田は、以前から親交のあった福岡公明党県議団長を務める北原守《きたはらまもる》から「会いたい」との連絡をもらっていた。

この厳しい選挙戦を武田が勝ち抜けた要因に、公明党の力は大きかった。

自公選挙協力のもと、原則的には自民党の公認候補に公明党は推薦を出すとされていた。じつは武田は、七月頃から、九月の自民党総裁選が終わった段階で小泉総理が衆議院を解散すると見立てて、水面下で公明党と内々に協議を重ねていた。

公明党側の窓口は、かねてから交流のあった公明党福岡県議団団長を務める北原守だった。公明党の各市町村議員と武田を支援してくれている各市町村議員団との協議会を何度も聞き、細部にわたるすり合わせを頻繁に開いてもらっていた。

武田は無所属ということもあり、比例区で自民党の拘束を受けることはない。公明党は、総力をもって選挙区で武田を支援してくれる代わりに、比例区では武田後援会の力を公明党にいただきたいというのが、主たる骨格であった。

そのやり方については、議論の過程で意見が割れることもあった。が、基本路線については双方合意ということであった。

武田が無所属で出馬するのか、自民党の比例にまわるのか、明確に打ち出して欲しいとの意見が公明党側からは相次いだ。

武田は、北原に「全力を挙げて、小選挙区公認を取りにいくが、もし万が一、私にもらえなかった場合でも、私は無所属で出馬する意志があります」とだけは伝えていた。

公明党の支援者は手弁当で熱心な運動を展開することで有名だが、一度、信用を裏切ると怒りをおぼえることも有名である。

解散の一〇月一〇日、「武田が比例区の公認を受けた」との情報が飛び交い、かなりの人から詰め寄られた。

「あなたは『無所属でも戦う』と言っていたではないか。我々を騙したのか！」

武田は、同郷の先輩で公明党の長老の吉田実年とも激しくやり合った。

武田が無所属での出馬を発表するまでの期間、支持母体と武田の間に立たされた北原は、思い悩んだが、心の底では武田が耳打ちした「無所属出馬の意志」を信じ続けていた。

武田も、意志を示したくても示すわけにはいかない状況で、人生で一番苦しんでいた。

一〇月一四日の記者会見には、北原も姿を見せてくれた。武田の決意表明を聞くと、涙を流しながら、武田に抱きつき言った。

「信じてよかった……」

武田は北原が苦しんでいたことがわかり、胸が苦しくなりながら応じた。

「先生、苦労をお掛けして、申し訳ございませんでした。これからが大変です。どうかよろしくお願いします」

北原は、武田の手を握りしめて、声を震わせながら、闘志を露わにした。

公示後、北原は、自分の名前で、武田に公明党地域支部の推薦状まで出してくれた。

公明党の内部でも全国的な秩序を崩しかねない無所属候補の武田への支援に対して、さまざまな意見があった中で、北原は武田との約束を守るために、男の意地を通してくれた。

北原は、選挙戦中ずっとすべての会場に、応援に駆けつけ、「本物の政治家をみんなで創りましょう」と訴え続けた。

北原の献身的な姿に、武田の後援者たちも心を打たれた。比例区での公明党の支援拡大にいっそう走り回った。

終盤になると熱が入りすぎたのか、公明党の議員たちは比例区での公明党の支援のお願いを忘れて、武田の名前ばかりを連呼するようになり、逆に武田の後援者たちが武田の名前を言い忘れて、比例区での公明党への支持を訴えるというあべこべの状態になっていた。

それだけ親近感がわき、共に勝とうという、熱いムードが浸透していた。

「異体同心」という言葉をよく使っていたが、まさにその通りであった。

「裕次郎の兄です」

亀井静香の言葉に嘘はなかった。

あと四日で公示日という一〇月二四日、東京の亀井から武田の携帯に連絡が入った。

「石原都知事が応援に入ってくれる。それと志帥会所属の国会議員も調整して、応援に入れてやる」

武田は驚いた。

〈これは一体どういうことなのか。党公認の現職候補と戦う私を応援して、みなさん党規違反にはならないのか〉

不思議に思いながらも、亀井の思いやりに胸が熱くなった。

電話口の亀井は気合い抜群。何をしゃべっているのか声が大きすぎて割れて聞きとれないほどだった。ただ「勝てよ」という声だけは耳の奥に残った。

石原慎太郎は武田が衆院選に初出馬した一九九三年にも応援に駆けつけてくれたが、今回も一〇年ぶりに応援に来てくれるという。石原はその間、一九九五年に自ら衆議院議員を辞職し、その四年後に東京都知事に就任していた。

石原慎太郎事務所から、武田選対に連絡が入った。

「公示の前日の一〇月二七日に大分県一区の衛藤晟一《えとうせいいち》さんのところで演説した後、武田さんの選挙区に入ります」

しかも、選挙区を構成する三市一七町村のうち、大票田の田川市、行橋市、豊前市の三市に入ってくれるという。

無所属ということで誰も応援に来ないと思っていた武田陣営は「石原都知事が応援に来る」といった一報で沸き上がった。

いよいよ明日の公示日を前に、待望の石原都知事来福の日がやってきた。この報せを聞いてからみなワクワクしていた。朝から各地域の選対もソワソワしていた。

一〇月二七日午後三時、白いワゴン車に乗った石原都知事が到着、会場は一気に沸き上がった。車を降りた石原都知事は両手を上げ声援に応えたが、聴衆は、都知事というよりもやはり人気映画スターが来たように興奮していた。

石原都知事は頭を下げ、謝意を述べる武田の手を力強く握って「今度こそ必ず勝てよ」との言葉をかけ、さっそうとステージに上がった。

石原都知事が来るということもあり、準備していた石原慎太郎の弟の石原裕次郎《いしはらゆうじろう》の西部警察のテーマソングが一層その会場の雰囲気を高めた。

マイクを取った石原は、第一声で「石原慎太郎です」とは言わなかった。

「裕次郎の兄です」

多くの歓声と明るい笑いの輪を拡げた。

「じつは、裕次郎より歌もうまいんだ」

そう言って、歌おうとしたが、途中でやめた。

「歌を聞きたかったら、良太を当選させてくれ」

この言葉が集まった女性の心を突き動かして、後に武田の熱狂的な応援部隊となった。

石原都知事は、聴衆の心を掴んだ後、本題の応援演説に入った。

司馬遼太郎による日清戦争と日露戦争を描いた小説『坂の上の雲』に言及し、語った。

「明治時代の若者は、文明開化をはじめみな大きな夢と憧憬を抱き、現在の国の発展の原動力となった。その時代の人々と比べ、やはり今の若者は情けない。若い志を持った男を国民が育てなければ、この国の将来に展望は開けない」

また、武田が公約に第一項目として挙げていた内容にも触れ、官僚政治批判に大きく切り込んだ。

「人心から離れたところでおこなう政治が非難を浴びている昨今ではあるが、これは官僚が政治をおこなっているのが原因である。省益、自らの出世をまず第一に考えがちな官僚がバッジを付け政治をおこなうと、往々にして大衆が取り残されるといった状況が生まれる。政治家が自らの役割を自らが充分認識し、リーダーシップを発揮し、テーマを掲げ、むしろ官僚を使う本来のシステムを作り上げる必要がある。悲しいかな、現在の状況はまったくその逆であり、新しい若い政治家によりその本来のシステムを作り上げる。この仕事をするために良太君を当選させて下さい。

東京に送ってさえくれれば、私もいるし、亀ちゃんもいる。もし良太君が言う事を聞かなければ、責任を持って私がぶん殴るし、亀ちゃんは迷わず蹴飛ばすでしょう。この選挙、何とか勝たせて下さい」

石原都知事の迫力ある演説は集まった聴衆の心を完全にとらえていた。

亀井静香、覚悟の福岡入り

一〇月二八日の公示から選挙戦が始まると、亀井静香が、福岡一一区に乗りこんできた。山本幸三の応援ではない。武田の応援のためである。一人しか当選できない小選挙区で、自民党公認候補以外の候補者の応援に駆けつけるなど、並みの政治家にできることではない。しかも、武田は、比例区の打診を蹴って出馬しているのである。

亀井がねじこんだことで結束が固まっていた武田陣営は、よりいっそう勢いづいた。

じつは、この選挙区に関しては、亀井もおもしろく思っていないところがあったらしい。それは、武田が比例区にまわるかどうか、まだ決まっていない時のことである。自民党への復党が決まった山本幸三の決起大会が開かれることになった。

亀井は、幹事長だった安倍晋三に、武田もその大会に呼んでほしいと頼んだ。現職かそうでないかの違いだけで、武田も山本も自民党に所属する候補者だからである。亀井としては、武田を比例区にまわすきっかけとしたかったのかも知れない。

ところが、山本陣営は、武田を呼ばなかった。メンツをつぶされた形の亀井にしても選挙の指揮を執る安倍幹事長に対して「そっちがその気なら好きにさせてもらう」との思いがあった。

初当選の万歳三唱

武田は、この選挙では、これまでの選挙との違いをひしひしと感じていた。

それまでの三回の選挙では、「勝てる」と思ったことは一度もなかった。ただ、無我夢中に訴えかけているだけだった。それがどういうことか、「今回は通る」そんな根拠のない自信が、武田にみなぎっていた。

地元の人々からの声援も、いつもより大きいように感じられた。

振り返れば、一本気な川筋者にとっては、その選挙ごとに所属する政党が違ったり、無所属だったりと、腰の定まらない山本を推すことに辟易《へきえき》としていたのかも知れない。川筋者の気質には、どれほど落選しても自民党を貫く。一本筋を通す武田が合っていた。

二〇〇三年一一月九日の投・開票で、武田は七万八八八二票を獲得。山本に一万二〇〇〇票の差をつけて初当選を果たした。

武田は、事務所で初めて、万歳三唱した。少年時代、父母とともに伯父・田中六助の事務所で万歳三唱した際の、あの高揚感が武田の中で蘇っていた。

田丸は勝利の報を訊き、涙が出たという。

初登院の朝

二〇〇三年一一月一九日に特別国会が招集されることになり、武田は一一月一六日に上京することになった。

初登院の日、武田の住む赤池町町民会館の横に立つ伯父の田中六助の銅像の前で、壮行会がおこなわれることになった。

武田は、当日の朝、空港に向かう前に会場となる広場に着いた。

その途端、目から涙があふれ、感極まった。一〇〇〇人を超える地元の支持者たちが日の丸の旗を持ち、田中六助像の横に「祝初登院」というのぼりまで掲げて、見送ってくれたからだ。

後援会を代表して水永康雄赤池町長、地元の日野喜美男県会議員、渡辺一豊前市議会議員が心からの激励の挨拶をしてくれた。

「田中六助先生を超える政治家として、故郷、そして国家のために頑張っていただきたい」

武田は、田中六助の遺言の一文を引いて、目前にそびえる雄大な福智山《ふくちやま》、幼い頃によく遊んだ悠然と流れる遠賀川などの故郷の豊かな自然に触れて、この故郷をさらに豊かに、素晴らしいものにするために、命がけで闘うと多くの支援者たちに強く訴えた。

武田は、涙がとめどなく流れて、止まらなかったという。

武田良太の選挙区全体の選対本部長を務めるなど、武田を長年応援し続けている支援者の一人が、福岡県田川郡大任町の町長を務める永原譲二だ。

永原は、一九五三（昭和二八）年七月一日生まれ。福岡県立田川東高校（現・福岡県立東鷹高校）を卒業後、田川信用金庫職員を経て、一九七九（昭和五四）年から一九九〇年まで大任町議を三期務めた。その後、二〇〇五年四月の大任町長選で初当選を飾り、二〇二一年三月二八日におこなわれた大任町長選で五選を果たし、現在五期目にあたる。また永原は、全国町村会の副会長や、福岡県町村会の会長を務めている。

永原が武田良太を応援し始めたのは、武田が初めて国政に挑戦した一九九三年七月の衆院選からだった。永原は、もともと武田の伯父にあたる田中六助の支持者で、田中六助が大平正芳内閣の官房長官だった時や、中曽根康弘内閣で自民党幹事長を務めていた時にも、上京するたびに田中六助に地域の事情について陳情をしたり、食事を共にするなど、深い親交があった。

初出馬時の武田良太はまだ二五歳で、有力な支持団体もなく、周りからは無謀な挑戦と見られる節があった。だが、永原は武田の将来に期待して、必死に応援した。

永原が当時について語る。

「初当選するまでは衆院選に三回落ちましたが、良太も若かったし、私たちも若かったから、挫けませんでした。とにかく若いんだから何回でも挑戦して、名前を売ればいいと思っていました。良太も一生懸命ですから、将来は田中六助先生みたいに地域のために頑張ってくれる政治家になってもらえればと思って、応援していました」

「最初の衆院選は最下位でしたが、落ち込んだりもしませんでした。やはり若いから前を向いていましたね。また、結果的に今考えれば、当時のことが良太にとって下積みの経験になったと思います」

武田は、挫けることなく、その後も衆院選に挑戦し続けた。

永原が語る。

「三回目の衆院選で惜敗した後は、負けたけれど、私たちも『次は絶対いけるぞ』という雰囲気がありました。選挙に出るたびに得票が増えていましたから、いつかなんとかなるだろうという気持ちがありました。あの大変な時期があったからこそ、今の選挙に強い武田良太があると思います」

自分自身の力で地盤を耕すこと

古《こ》賀《が》誠《まこと》自民党元幹事長によると、武田良太は、父親が地元でゴルフ場などの事業を展開していることもあり、経済的に困って育ったことはなかったに違いない。貧しさを感じることなく育ったので、のびのびしていて、やんちゃなところがある。そこが武田の魅力で、親分肌でもある。

しかし、政治家としては、これまで順風満帆に来たわけではない。長い間、苦労をしている。伯父の田中六助も初めての選挙では惨敗を喫したが、武田は一九九三年の初出馬から一〇年、四回目の選挙でやっと衆議院議員となった。

武田は、初出馬の際に、田中六助の意志を受け継ぎ、田中がかつて活動していた同じ選挙区から出馬した。だが、田中六助が亡くなってからすでに八年が経っていたこともあって、かつての田中の地盤は他の議員や、候補者のものとなっていた。武田は、一から地盤を掘り起こし、武田良太の地盤として育てなければならなかったのだ。

たしかにそれは回り道だったかも知れない。田中六助が耕したままの地盤をそっくりそのまま受け継いでいれば、もっと早く中央政界に打って出られただろう。

しかし、地盤を耕す苦労を知らないままで政治家となっていたら、今の武田良太があったかどうか。選挙とは名乗りを挙げたものだけでするものではない。自分を身近で支えたひとたちが自分の支持を訴え続けて、それに賛同したひとたちが自分に票を投じてくれる。政治家は、多くの人に支えられている。そのことは支持されている自分自身が一番知っている。

だからこそ、落選したときの痛手は深い。まわりが見るよりももっと深い。次も落ちてしまうのではないか、と恐れる気持ちが先に立つ。

武田は、そのプレッシャーを押し退けて、しかも、一度ならず二度、三度と落選を繰り返しながらも、あきらめなかった。この経験は武田良太をたくましくし、政治家らしい政治家にした。政治の世界は、日本の未来を築き上げるといった理想論だけではなく、やきもちと足のひっぱりあいを繰り返す世界でもある。

だからこそ、よけいに人間的な魅力が求心力となる。ひとを束ねようと思えば、政治家としての知性も必要になり、言葉の重みというものにも磨きをかけなければならない。これからの時代はなおさら必要な資質である。

武田良太は、落選を通じて自分自身の力で地盤を耕すことで、人を動かす、人の心を動かすとはどういうことかまで、知ったに違いない。しっかりした地盤をつくったことは武田自身の自信にもなっている。その意味で、三度にわたる落選の屈辱は、武田良太にとっては政治家として間違いなくプラスになった、と古賀は思っている。

正気堂々

武田良太は二五歳で初出馬して三度落選を経験し、一〇年かけてようやく初当選を果たした。自民党の二階俊博幹事長は、一二回連続当選で落選の経験は一度もない。それでも二階は長年にわたり数多くの政治家を見てきて、落選の経験を持つ政治家が大きく成長することを知っていた。

〈落選の経験はつらい。が、落選したことで挫けることなく、チャンスと捉えるプラス思考が大事だ。それがのちの動きに活きる〉

四回目の選挙にして初めて議席を得た武田は、亀井静香が領袖を務める亀井派に所属した。

初当選した武田に、ありがたいことに中曽根康弘元総理大臣が揮毫《きごう》してくれた。

「正気堂々」

読んで字のごとく、「正しい気は堂々とせよ」である。

武田はこの言葉を「座右の銘」とし、その後の政治家人生を歩んでいく。

第三章　修羅場の時

「郵政解散」という修羅場

亀井静香は、時の総理大臣・小泉純一郎とは敵対関係にあった。ことに小泉内閣を象徴する郵政民営化では真っ向から対立していた。民営化を成し遂げようとする小泉総理に対し、亀井は反対の狼煙《のろし》を上げていた。

武田も叫んでいた。

「民営化によって競争力のない郵便局が淘汰《とうた》されれば、地方の住民は大切なライフラインを失うことになる。地方にとっては大打撃となる」

武田らは、そのことを強く主張していたが、小泉総理にはその訴えは届かなかった。

郵政民営化法案が参議院で否決されると、二〇〇五年八月八日、小泉総理は衆議院の解散に打って出たのである。郵政民営化を、国民に問うというのである。いわゆる、郵政選挙に突入したのだった。

亀井らとともに郵政民営化法案に反対票を投じた武田は、自民党から除籍処分を受けた。世論からすれば、武田ら反対派は小泉改革を妨げる抵抗勢力として映っていた。武田が初めて出馬した政治改革を世に問うた選挙の時よりも、いっそう激しい逆風が吹き荒れていた。

そこに向けて、自民党は、造反した議員の選挙区には「刺客」を立てた。武田の地元・福岡一一区での相手は、これまで鎬《しのぎ》を削ってきた山本幸三だった。マスコミによる事前調査では明らかに山本が当選確実と言われていた。

亀井らは国民新党を結成して闘うことを決めた。が、武田は無所属での闘いを決めた。いわゆる「流刑罪」にあったのである。

武田は、ひたすら票を拾うために自分の信条を訴えて闘った。しかし、選挙前までは自分への支援を約束してくれていた団体が、次から次へと山本側に寝返っていくではないか。

あの手この手を使い、自民党が切り崩していたのである。

〈いったいどこまで切り崩されてしまうのか……〉

武田には、まったく票が読めなかった。

公認もされていないので資金もない。そうした中ではあるが、支援者たちの少しずつの寄付の気持ちが、武田の心の支えとなった。

支援者には、自民党支部のひとたちもいた。強引で、地方の暮らしを理解しない小泉総理の手法を苦々しく思うひとも多かったからである。

支援者たちも、劣勢を覆そうと地道な活動をしていた。武田が国民新党を結成した亀井と行動を共にせずに無所属を貫いたのは、除籍になろうと何をしようと思いは自民党との姿勢をあらわしたかったからだ。そのことで、中央の指示を無視して武田を応援してくれる自民党支部の人たちへの思いに応えたかったのである。

僅差の再選と自民復党

二〇〇五年九月一一日の衆院選で、武田は郵政民営化に反対したため、自民党の公認は得られなかった。

九月一一日、投票日当日も、支援者たちは必死に闘っていた。まだ選挙に出かけていないひとたちを見つけて声をかけ、投票所まで連れて行ったのである。

投票箱が閉じられる午後八時ぎりぎりまで戦い抜いた。

武田は、勝った。逆風の中、七万八七五七票を獲得。次点の山本幸三との差は、わずか四四九票だった。最後の最後まであきらめなかったことが勝利につながったのだ。

しかも、この勝利はただ己のための勝利ではなかった。首の皮一枚で生き抜いたことは、その後、民営化法の改正につながっていった。

郵便局において、ユニバーサルサービスを維持すること。これこそが武田が郵政民営化においてこだわったことである。地方において過疎化と高齢化が進行する中、郵便局を生活の頼りとする人たちがいる。そうした人たちの生活を守りたい。

二〇一二年の民営化法の改正はまさにこの点についておこなわれた。この改正により、民営化だけを目的とする旧民営化法の角ばった部分が削り取られ、郵便局における持続的なユニバーサルサービスの提供に向けて一歩を踏み出すことができた。

なお、二〇〇六年一二月、武田は、自民党に復党する。小泉退陣後に内閣を受け継いだ安倍晋三総理から直に復党を促されたことが大きかった。安倍の懐の深さに心を打たれた。

復党後は、自民党副総裁も務めた山崎拓《やまさきたく》の率いる近未来研究会に所属した。のちに防衛政務官として政府の一員として名を連ねるのは、派閥領袖の山崎拓の推薦によるものだった。

武田は、二〇〇七年四月、母校の早稲田大学大学院公共経営研究科に入学した。憲法学の恩師から「忙しいだろうが、合間を縫って学んでおけ」とすすめられてのことであった。二〇〇九年に同大学院を修了している。

愛妻の急逝

二〇〇七年七月に入って間もなく、その日は、東京での安住の地としていた品川区高輪《たかなわ》にある高輪議員宿舎に姉が訪れて、何かとあわただしくしていた。新しく港区赤坂《あかさか》に議員宿舎ができ、武田は、そこに引っ越すことになっていた。その日は引っ越しの前日だった。

武田は、引っ越しは姉に任せてベッドに入った。なぜか寝付けない夜だった。しかたなく、寝酒にウィスキーを飲んで休んだ。

起きたのは、朝方。姉に揺り起こされてであった。

「さっきからずっと、携帯が鳴りっぱなしよ」

電話をかけてきていたのは、妻の聡子の母親からだった。

聡子はその日、幼稚園の年長組になった長女とともに福岡県水巻町《みずまきまち》の実家にもどっていた。

武田は、嫌な予感がした。すぐに折り返し電話を入れた。

予感は当たってしまった。

「聡子の具合が悪くて、いま病院にいるの」

妻の母親の声は、妻の容態が深刻な状態にあることを如実に物語っていた。

武田には、にわかには信じがたかった。武田の耳には、「じゃあ、今日は、おじいちゃんおばあちゃんのところに行ってくるわね」と言っていた聡子の元気な声が蘇っていた。

その妻に異変が起きたのは、前の晩のことだった。母親に代わって電話口に出た妻の姉の話では、長女とともに実家に泊まりに行っていた聡子は、夕食を終えた頃から、体調の不調を訴え始め、父母の寝室で寝ていたという。

異変に気づいたのは、妻の父親だった。

自分たちの部屋で寝ている娘が、聞いたこともないほどの大きないびきをかいていたのである。あきらかに、おかしかった。

救急車を呼んだ。救急隊員が駆け付けた時点で、武田の妻の心臓はすでに停止状態にあった。大きないびきは、脳に酸素が供給しきれていない症状だった。

武田は、その日の日程をすべてキャンセルし福岡の病院に駆けつけた。

聡子は、思いもよらない姿でベッドに横たわっていた。すでに自分では呼吸もできず、取り付けられた人工呼吸器が送りこむ酸素で命を引き留めていた。

それでも、武田は、奇跡を信じた。これまで自分を支え続けてくれた聡子に報いるためにも、できうる限りを尽くした。

聡子が息を引き取ったのは、それから二カ月後の八月三一日のことだった。享年三六歳。あまりにも若すぎる死だった。

残された幼い長女は、武田の姉が育てることとなった。

武田は家庭を持った段階で聡子の方が長生きするものだと勝手に思い込んでいた。

心の準備がないままに急に先立たれることになるのは、さすがに身に堪えた。

武田はしみじみと思った。

〈「途方に暮れる」っていうのは、こんなことを言うんだな……〉

家の中を片付ければ、少しは忘れられるんだろうが、そのままの状態にしておいた。

泣いても叫んでもしょうがない。妻が帰ってくるわけではなかった。聡子が亡くなってしまだいに寂しさは増幅していった。一〇年ほど、あまり具合がよくなかったという。

武田は、この八月に福田康夫《ふくだやすお》改造内閣において、防衛大臣政務官に任命されたばかりであった。防衛大臣政務官としてとにかく必死に働いた。

身内の死を乗り越えて

妻の急死は、敵陣のかっこうの餌食《えじき》となった。口さがない噂が飛び交い、武田を攻めたてた。

二〇〇九年八月、衆院選がおこなわれた。前回まで福岡一一区から立候補していた山本幸三は、この選挙では比例九州ブロックにまわった。

この選挙は妻の母親、婦人部が中心となって、武田聡子の遺影を掲げて戦った。まさに弔《とむら》い合戦だった。

自民党への逆風が吹き荒れた政権交代選挙であったが、武田は、一〇万六三三四票とこれまでの選挙での最高得票数を獲得し、当選を果たした。

ところが、自民党から民主党へ政権が交代したこの選挙では、山崎拓が落選し議席を失った。

山崎は二〇一二年一二月には山崎派の会長職も、石原伸晃《いしはらのぶてる》に譲った。

武田は山崎派を二〇一〇年四月に退会した。

二〇一〇年四月六日、武田の父親の良行が肺炎のため、死去した。七四歳であった。

武田は、二〇一二年一二月一六日の衆院選においても福岡県一一区から自民党公認で出馬し、四選を果たした。

自民党は民主党から政権奪還し、第二次安倍政権が始動する。

なお、武田が福岡県連会長になった際、ちょうど空白になった福岡県一〇区に、山本幸三を移すことで山本との対決には終止符が打たれた。

武田は、選挙後、衆議院安全保障委員長に就任。二〇一三年九月、第二次安倍内閣で防衛副大臣に任命された。

二〇一五年七月一八日、母親の敦子が亡くなった。八〇歳であった。

武田は、身内の死を乗り越え、山崎派を退会してから、ほぼ六年の間、どの派閥にも属さずに政治活動を続けた。

「やおいかん」

福岡県議会議員の今林 久《いまはやしきゅう》と武田良太との出会いは、二〇一〇年だった。

その後、二〇一一年一月に、武田が自民党福岡県連の会長に就任し、幹事長になった今林は女房役として付き合いを深めていく。

今林は、武田との付き合いを重ねていくごとに思った。

〈武田先生は、素晴らしい人だな……〉

武田は正義感が強かった。弱い者虐めをする人とは徹底的にケンカをする。

振り返れば、二〇一一年の統一地方選挙、そして自民党が野党から政権に返り咲く二〇一二年の衆議院選挙を思い出す。

当時、公認問題をめぐって自民党福岡県連は揺れていた。そんな時、武田は筋をきちんと通して行動し、その結果、全員を当選させた。

今林は、安心して武田先生についていこうと思った。一方で、武田についていくことに必死だった。

〈やおいかん〉

「やおいかん」とは博多弁で、「ちょっとやそっとではいかない」、つまり「必死でついていかないといけない」というニュアンスである。

武田は、突然、今林に告げた。

「今から大牟田《おおむた》に行く」

とにかく、行動力が優れていて、今林はその武田についていくことに必死だった。

今林には、特に二〇一一年の福岡県知事選の様相が鮮明に残っている。

東日本大震災の直後であった。

福岡県連は、候補者擁立をめぐって混乱していた。候補者は何人かいたが、武田が県連会長として先頭に立ち、候補者の選考に采配を振るった。今林は、武田とともに候補者三人と面接した。また、地区の幹事長を呼びだして、まずは幹事長に協議をさせて、各地区から意見をあげてもらった。そうすることで一つの党として選挙に臨む姿勢を醸成していった。

こうした段取りを踏んだうえで、小川洋《おがわひろし》の支持が決まったのである。その結果、小川は福岡県知事選挙で当選する。

二階派入り

林幹雄《はやしもとお》は、一九九八年一一月三〇日に山崎拓が創設した「近未来政治研究会」（山崎派）に結成当初から参加した。

武田良太は、もともとは志帥会《しすい》（亀井派）にいたが、郵政解散の際に自民党を離党し、復党後の二〇〇七年に、山崎派に入会した。

その後、武田は二〇一〇年に山崎派を退会して無派閥となった。

林も、二〇一二年一二月に石原伸晃が二代目会長になったのを機に退会を決意した。

「山崎先生が前線から退かれるのなら、私も退会させていただきたい」

林は退会後、志帥会（二階派）へ移籍した。

二〇一六年一月七日、武田良太も二階派に入会した。そのきっかけを作ったのは河村建夫《かわむらたけお》である。武田が亀井静香の秘書を務めていた時、河村は清和政策研究会で亀井グループに所属していた。二人は二〇年以上の古なじみだったので、河村が無派閥であった武田に声をかけたのである。

会長は、当時、総務会長だった二階俊博だった。二階は二〇〇九年八月の選挙までは二階グループを率いていたが、その選挙で、二階を除く衆院議員がすべて落選したこともあり、参議院議員の泉信也《いずみしんや》、鶴保庸介《つるほようすけ》とともに志帥会と合流することになった。

その後、二〇一二年一二月に当時の会長の伊吹文明《いぶきぶんめい》が衆議院議長に就任したため、後任の志帥会会長に二階が就任していた。

二階が会長に就任した当初、派閥は一一人にすぎなかったが、その後、派閥は拡大、衆参合わせて三五人になっていた。

この時、武田と一緒に宮内秀樹《みやうちひでき》衆議院議員も二階派に加わったことにより、二階派は、三七人となり、三六人の麻生派を抜いて、党内第四派閥となった。

二階派はさらに拡大を続けて、現在は四七人にふくらんでいる。

タカ派の多い志帥会の中で、二階は数少ないハト派の政治家であった。伯父の田中六助同様、ハト派である武田には二階の存在は寄る辺となった。

政治家としての姿勢だけでなく、政治手法も、武田自身が求めているそれと近かった。

ラグビー議員連盟

二〇一〇年一月四日、衆議院第一議員会館において、超党派の国会議員による「ラグビーワールドカップ２０１９日本大会成功議員連盟」設立総会が開催された。九年後に日本開催が決まったラグビーワールドカップを国家的イベントとして成功へ導くための、さまざまなサポートが開始された。

会長は無所属の西岡武夫《にしおかたけお》参議院議長、副会長に自民党の中谷元《なかたにげん》衆議院議員、幹事長に自民党筆頭副幹事長の遠藤利明《えんどうとしあき》らが就任した。顧問は歴代の総理、衆議院議長らが名を連ねた。

顧問の一人に就任した日本ラグビーフットボール協会の森喜朗《もりよしろう》会長は、設立総会の際に胸の内を語った。

「あのラグビーワールドカップが、九年後にこの日本にやってくる。しかも、アジア初の大会です。単にこの素晴らしい大会が日本で開催されるというだけではなく、ラグビーの持つ『ノーサイドの精神』を、広くアジア全域にも普及させていきたい」

子どもの頃からラグビーが大好きだった森は、ラグビーＷＣ杯の日本開催が実現目前となり感無量だった。

二〇一二年一一月に政界を引退した森は、ラグビー議員連盟の第一線からも身を引き、防衛大学校在校中にラグビー部に所属していた中谷元に「あとを頼む」と託した。

中谷元は、防衛大学校ラグビー部の後輩に当たる中谷真一を、議員連盟の事務局長に据えた。だが、まだ若い中谷真一では大変な部分もあった。そこで武田良太の出番である。中谷を事務局長に据えたまま、実質的には武田が指揮を執るようになると、管理運営はスムーズになった。

森喜朗は、肩書きにこだわらず、フットワークがよく、議連の運営に何が必要かを見極めた上で、献身的に動く武田のことを非常に評価した。

二〇一六年三月に議連の幹事長となった武田は、札幌から福岡まで一二の開催都市との連絡も密におこない、その結果、日本代表の活躍もあって、ワールドカップは日本中を熱狂に巻き込んだ。大会自体、大成功をおさめた。

武田良太は、森喜朗元総理との縁も深い。

同じ早稲田大学卒ということもあり、森は、武田が国会議員になる前の浪人時代から、何かと目をかけてくれていた。

武田が語る。

「森元総理とは、二〇一九年に日本で開催したラグビーのワールドカップの成功に向けて、一緒に仕事をさせてもらいました。森さんと仕事をさせてもらった経験は政治家として非常に貴重な経験になりました」

小学校一年生から高校まで、スポーツといえば、ラグビー一筋だった武田は、ラグビーワールドカップ2019成功議員連盟の一員として、大会を盛り上げるために、活動した。

一九八七（昭和六二）年にニュージーランドとオーストラリアで開催された第一回以来、これまで四年おきにヨーロッパとそれ以外の地域で交互に開催されてきたが、アジア地域では開催されたことがなく、日本での開催はアジア初となった。

武田は、議連では幹事長に就任し、さまざまな実務を担うことになった。

また、武田が幹事長に就任したのも、最高顧問の森元総理から「やってくれ」と言われたことがきっかけであった。

スポーツくじに関連する法律を変更し、その利益の一部を競技会場の改修にも使えるように法改正をした。武田は、プロジェクトチームの座長だった。

二〇一六年四月二〇日には、「ラグビーワールドカップ2019協賛くじ」が発売された。この協賛くじの収益金の一部も、ラグビーワールドカップのために使われている。

さらに、東北の復興事業の一環として、国の負担で岩手県釜石《かまいし》市に釜石鵜住居復興スタジアムという専用球技場を整備した。

武田は森元総理からさまざまなことを学んだという。

「ラグビーワールドカップも、オリンピックも、早稲田大学の記念事業でも、森元総理は情熱をかけて取り組んでいました。森元総理がさまざまな方を紹介してくれたことは、私の財産です。それと森さんの一つひとつの出来事を実現に向けて、つきつめていく細やかさと、何かをやる時に陣立てを考える人事の構想力の凄さは、とても勉強になりました」

森元総理は、ラグビーワールドカップ2019の組織委員会の事務総長に元総務省事務次官だった嶋津昭《しまづあきら》を招聘するなど、成功に向けて布石を打っていた。

森元総理は、嶋津事務総長と組織委員会の委員長だったキャノンの御手洗冨士夫《みたらいふじお》会長とともに、世界中を飛び回っていた。

森元総理の人脈は世界中にあり、ロシアのプーチン大統領とも親交がある。

森の父親の森茂喜《もりしげき》は、能美郡根上町《ねあがりまち》の町長を九期務めた人物だが、ソ連との民間交流に熱心で、死去後、遺言に従い遺骨の一部がシェレホフ市に送られ、墓が造られているほどだった。

鳩山邦夫「弔い合戦」――孤立した鳩山二郎を支援

二〇一六年の夏、武田良太は、自民党の二階俊博総務会長らとチリに出張中、東京の知り合いから連絡が入った。

「早く帰ってきてほしい」

武田の地元・福岡県は、鳩山邦夫《はとやまくにお》の死去にともないおこなわれる福岡六区の補欠選挙をめぐって自民党の勢力争いが激化していた。鳩山邦夫の弔い合戦である。本来ならば、福岡県大川《おおかわ》市長でありながらも出馬の意向を示す鳩山邦夫の息子である鳩山二郎《じろう》を自民党で推すのが筋のはずだった。

しかし、自民党福岡県連は鳩山を推さなかった。出馬の意向を表明する数人の候補者から選んだのは、蔵内謙《くらうちけん》。県連会長を務める蔵内勇夫《いさお》の息子だった。福岡県政で大きな影響力をもち、ふだんならば対立する二人の巨頭、麻生太郎と古賀誠までが手を組んでいた。

鳩山二郎は孤立し、まさに窮地に立たされていた。それでもなお、鳩山はあきらめなかった。無所属で出馬してでも弔い合戦を戦い抜く。その決意を固めたという。

武田は、チリ・ペルー訪問から帰国した七月二八日、志帥会の会合がおこなわれている赤坂二丁目の料亭「小みや」に鳩山二郎を呼んだ。

一方、鳩山二郎は孤立した状態で、心が折れそうであった。そんな時、毎日連絡をくれたのが武田良太だった。

武田は父親の邦夫から亡くなる前に「二郎のことをよろしく頼む」と託されていた。

武田は鳩山二郎に電話をするたび、励ました。

「とにかく俺が全力で応援する。怯まず、邦夫先生の遺志を継ぎなさい」

「小みや」に二階が到着すると、武田は、深々と二階に頭を下げて、頼んだ。

「二階先生、私が面倒を見ますから、二郎のこと、よろしくお願いします」

鳩山も二階に武田と一緒に頭を下げた。

「わかった」

二階は頷いた。

鳩山二郎は、自分のためにそこまでしてくれる武田良太の存在を心底ありがたく思ったという。

武田らにとって幸運だったのは、そのわずか一週間後の八月三日、第三次安倍第二次改造内閣の人事と同時に、自民党役員人事がおこなわれた。

なんと、二階は幹事長に就任したのである。七七歳と五カ月、自民党史上、最高齢での就任であった。

その間、鳩山は正式に福岡六区補選への出馬を表明し大川市長も辞任した。これにともない、自民党本部は、古屋圭司《ふるやけいじ》選挙対策委員長が蔵内に出馬辞退を促した。だが、蔵内も応じなかった。

ついに、選挙の総指揮を執る立場となった二階が裁定をくだした。

「どちらの候補にも公認は出さない。勝ったほうを公認とする」

この補欠選挙には、二階幹事長のおかげで、小池百合子《こいけゆりこ》東京都知事も応援に来てくれた。公示日の前日の一〇月一〇日に、小池は、久留米《くるめ》市と小郡《おごおり》市の二カ所で鳩山二郎の応援に立った。久留米シティプラザの六角堂広場でおこなわれた演説会では、小池の人気もあり、六〇〇〇人ほどの聴衆が集まった。かつてない多さであった。

小池にとっては、東京都知事就任後初めての応援演説で、自身の都知事選に二郎の選挙戦を重ね合わせて、支持を訴えた。

「明日からの二郎さんの戦いは厳しい。だって自民党の公認を取れなかった。私にとっても、他人事ではございません」

集まった聴衆は、小池のジョークに沸き立っていた。

選挙戦は、鳩山邦夫の弔い合戦ということもあり、陣営の動きは活発だった。

また、鳩山邦夫が旗揚げし、菅義偉官房長官（当時）が顧問を務める派閥横断グループの「きさらぎ会」に所属する議員たちも、応援に入ってくれた。中には選挙中ほとんどの期間、応援に来てくれた議員もいたし、菅の指示を受けて応援に来てくれた議員もいた。

武田は、選挙中は、あえて表立って街頭などで応援演説をすることはなかった。その代わり、裏方に徹して、方々に二郎の支援を呼びかけてくれたという。

選挙中、世論調査の結果が流れてきた。鳩山二郎の圧勝を予想させる数字であった。

だが、二郎は、それを見て油断しないように心掛けたという。

蔵内謙は、もともと福岡県六区ではなく、福岡県七区の筑後《ちくご》市の出身だった。

そのため六区の有権者にすれば、「なぜ七区の出身の人が六区から出るのか」という意識もあったのかも知れない。

一〇月二三日、福岡県六区の補欠選挙の投・開票がおこなわれた。鳩山二郎は、一〇万六五三一票を獲得し、当選した。二位が四万〇〇二〇票を獲得した民進党公認の新井富美子、鳩山二郎と公認を争った蔵内謙は三位で、二万二二五三票だった。蓋を開けてみると、鳩山二郎の圧勝であった。

結局、福岡県選出の国会議員のなかで、鳩山二郎を応援してくれたのは、武田良太と福岡県四区選出で二階派に所属する宮内秀樹の二人だけだった。

鳩山二郎が振り返って語る。

「私の父は選挙区内に後援会をたくさん作りましたから、強い地盤を残してくれました。ですが、福岡県政界のほとんどが相手側につく中で、武田良太先生が支援してくれたことはなにより大きかったですね。武田先生がいなければ、最後まで選挙を戦うことができたのかわからないくらいです」

二階幹事長の眼

二階俊博の幹事長就任とともに、林幹雄は幹事長代理となり、武田は、自民党幹事長特別補佐兼副幹事長に就任した。

二階と同席する機会も多くなる。武田は、二階がどういう言動をし、どういう行動に出るのか、固唾《かたず》を飲んで見ていた。

〈なるほどなあ……〉

感心させられる捌《さば》き方を何度も目撃する。

二階は、武田との約束の時間にはたいてい間に合うことはできなかった。二階は武田と会う前にも誰かと会談していて、相手の話をじっくり聞いているからである。地方から陳情にやってきたひとには「今日はどこで晩飯を食うんだ」と訊いて、わざわざそこまで足を運ぶこともある。突然の来客でも「まあ、せっかく来たのだからいいじゃないか」と時間をかけて話をする。

二階は、口数が多くはない。おべっかも、お世辞も言わない。それでも、まわりをきちんとまとめている。それは、いい加減に人をあしらうということはしないからだ。他人が敬遠するいわゆる、〝いわく付き〟の人物でも直接会って話をし判断する。それこそ政治の最もベーシックなところだ。

だが、このベーシックな鑑識眼こそが何よりも難しく、現在の政界を見回してそこまでする政治家を、二階の他に武田は見たことがない。

武田は自民党員の獲得に動いた。一万人を獲得し、全国会議員で最も多い獲得数であった。

林幹雄によると、幹事長室には、多方面からさまざまな陳情者が列をなしてやって来る。中にはかなり無理筋な内容も含まれており、対応に困ることも多い。が、通常なら丁重にお断りするような問題も、武田は「わかりました、やってみましょう」と男らしく引き受けた。

武田は次々とやってくる難題を先延ばしすることなく、解決していった。逆に対応不可能なことは「無理だ」とハッキリ言う。が、やれそうなことは可能な限りやってみる、というのが武田の基本的なスタンスだった。

林は、その様子を見て感心した。

〈いやぁ、武田くんは、本当に男気のある優秀なやつだ〉

その最たるものが、二〇一八年九月におこなわれた沖縄県知事選挙の対応であった。林は二階幹事長から「幹事長室から誰か沖縄担当を決めてくれ」と言われたものの、担当者は一カ月も沖縄に縛られることになる。林は内心申し訳ないと思いつつ、武田良太に事情を説明して沖縄行きを依頼した。

武田は快諾してくれた。

「わかりました、私、行きます」

武田は途中何回か東京に戻ってきたものの、一カ月以上にわたって沖縄に居座って対応してくれた。このように普通の議員が嫌がる汗をかく任務を、武田は平然とした様子でこなした。

「武田党」の団結

武田は、初当選以降、六期連続で当選している。

直近の二〇一七年一〇月の衆院選でも、武田は二位の候補者に倍近い差をつけ、八万一一二九票を獲得し、勝利した。

永原譲二大任町長は、この衆院選で武田陣営の選対本部長を務めた。

武田は、この衆院選では、自民党幹事長特別補佐として全国各地の候補者の応援にまわるため、地元に入ったのは公示日と最終日だけだった。

そのため選対本部長の永原が、武田不在の選挙戦の陣頭指揮を執った。

永原が語る。

「良太の地元の田川地区では、全八市町村の首長がそれぞれの自治体の選対本部長として動いてくれました。みんな、『留守の間は、しっかり守る』と頑張ってくれました。首長さんたちの中には、社民党の首長さんとか、さまざまな立場の方がいますが、良太の選挙は全員が選対本部長になって、武田党として動いてくれますから、力強いですよ」

永原は、三一の町村が加盟する福岡県町村会の会長職を二〇一五年から務めている。また、二〇一九年七月からは、全国町村会の一一人いる副会長の一人に選ばれ、三人いる会長代行の一人にも就任している。

永原が語る。

「私は、良太によく『お前が大きくなれば、おれたちも地元で役職に就いたり、一緒に大きくなっていくんだから、一心同体。ニコイチ、二人で一緒の気持ちでやっていこう』と言っています。お互いものすごく信頼しあっています」

福岡県知事選――麻生太郎VS武田良太の代理戦争

武田は、二〇一九年四月におこなわれた福岡県知事選では、当時現職の小川洋を推した。

小川は元通産官僚で内閣広報官も務めたこともある。二〇一一年に初出馬し当選を果たした。三期目を目指していた。

対抗馬は、元厚生労働官僚の武内和久《たけうちかずひさ》。麻生太郎や県連会長の蔵内勇夫が推薦していた。

じつは、小川を二〇一一年の知事選で擁立したのが他ならぬ麻生太郎だった。その時、福岡県連が推したのが蔵内勇夫。麻生が小川を推したため、分裂選挙を避けるために蔵内が立候補を断念したのであった。

つまり、二〇一九年の福岡県知事選では、二〇一一年の知事選での因縁のある二人が手を組み、今度は、小川を引きずりおろそうとしていた。

武田が耳にした話では、麻生が小川を下ろそうとするのは、鳩山二郎が当選した福岡六区補選でのことが原因であるという。小川は、麻生が応援要請した蔵内謙ではなく、鳩山との中立を保った。麻生はそのことを快く思っていなかった。

私情を差し挟んだ麻生のやり方に、武田は納得できなかった。当然、小川を応援した。武田だけでなく福岡の経済界も、麻生の政治手法に反発した。世論も、小川を推していた。調査をかけると、小川が、麻生の推す武内を圧倒していた。

しかし、中央政治では副総理兼財務大臣の顔を持つ麻生が絡んでいることもあったのだろう。自民党本部の判断は違った。武内を公認としたのだった。地元の理よりも、個人の情や中央の理を優先させた、きわめて私的な判断によって選挙がおこなわれる。

武田は、一本気の川筋者としての血が湧いた。

〈絶対に負けられない〉

公認候補を差し置いて、小川を当選させるために奔走した。

じつは、武田が、小川を応援できたのは、自民党幹事長である二階のおかげもあった。福岡県知事選では、自民党が党議拘束を外していたのである。本来ならば、自民党に籍を置く者は、党が公認を決めた候補者を応援する。それが大原則だ。

しかし、福岡県の情勢を見ると、有力者同士が対立する、分裂選挙の様相を呈していた。そこで党としては武内に公認を出すものの、支援するかどうかは所属議員おのおのの判断にゆだねる。こうした含みを持たせた対応を、自民党本部、つまり二階幹事長はとったのだった。

二階幹事長のおかげで、武田はなんのためらいもなく小川を推すことができたし、小川への支持が一気に加速したのは事実だった。

結果、小川は勝利をおさめた。一二九万三六四八票を獲得、三四万五〇八五票の武内を圧倒して三選を果たす。

変化をもたらす政治家

武田良太を高校時代から知る福岡在住のA氏は、武田のさまざまな一面を知っている。

「良太はよくヤンチャだと言われていますが、僕から言わせるとヤンチャというより、お茶目なところがあります。カラオケも矢沢永吉《やざわえいきち》が十八番《おはこ》と言われていますが、本当の十八番は松田《まつだ》聖子《せいこ》ちゃんです」

A氏によると、武田は、学生時代から松田聖子の大ファンで、コンサートにも足を運んでいたという。スナックで、A氏が松田聖子の曲を歌うと、「歌い方が違う」と熱心なダメ出しをしてくるほどだという。

A氏は、武田良太に強い期待を寄せている。

「かつて六さんが通産大臣をやっていた頃、ある九州の財界人がテレビで『六さんかミッチー（渡辺美智雄《わたなべみちお》）に期待している。なぜなら二人とも変化をもたらす政治家だから』と語っていて、その答えが凄く印象に残っています。

良太もそういう何かを変えるタイプの政治家だから、六さんは総理にはなれなかったけれど、良太は、六さんの叶えられなかった夢を実現させて、日本を変えてくれると信じています」

第四章

初入閣と被災地対応

初入閣の舞台裏

二〇一九年九月一一日、自民党は臨時総務会を開き、新役員を決定した。

二階俊博は、この人事で幹事長を続投することになり、四期目に突入した。二階の幹事長続投が決まり、林幹雄も引き続き幹事長代理に就任した。

二階幹事長―林幹事長代理のコンビは、この時点で四年目に突入した。

二階や林が所属する志帥会（二階派）からは、武田良太が国家公安委員長兼内閣府特命担当大臣（防災、行政改革、国家公務員制度、国土強靱《きょうじん》化）に、衛藤晟一《えとうせいいち》が内閣府特命担当大臣（沖縄及び北方対策、消費者及び食品安全、少子化対策、海洋政策、一億総活躍、領土問題）に就任した。二人とも初入閣だった。

武田は、二〇〇三年の衆院選で福岡県一一区から当選し、六期目である。

武田は、初入閣前には、自由民主党幹事長特別補佐兼副幹事長を務め、第二次安倍内閣では二〇一三年九月三〇日から二〇一四年九月三日まで防衛副大臣も務めている。

元号が平成から令和に替わった二〇一九年九月、武田の周囲はにわかにあわただしい空気が支配していた。二〇一二年から長期政権を担っていた安倍総理があらためて改造をおこなう意向をあきらかにし、いよいよ組閣人事に着手し始めていたからである。

武田は、二階派の事務総長代理として所属議員の希望をとりまとめていた。血気盛んな若手の「政務官になりたい」「副大臣になりたい」「○○委員会に行きたい」といった希望をなるべく叶える。その任務に追われていた。

武田自身は、人事がおこなわれるたびに自民党議員が自民党本部に希望のポストを書いて提出する書類に、いつもどおり、白紙で出していた。

そもそも人事については、天からの授かりものくらいの感覚で、派閥の領袖である二階俊博の胸の内にまかせていた。確かに当選回数六回、まさに入閣適齢期の中堅どころに身を置くようにはなった。内閣からお呼びがかかってもおかしくはない。地元の支援者からも、「そろそろ大臣に……」との期待もかかっている。だが、そのようなことは「もう少し先だ」と思っていた。同じ同期でも六十代、七十代が多く、自分は五十代に入って間もない。

〈しばらく、党や派閥で汗をかかなければ……〉

武田は構えることなく、そう受け止めていた。

いよいよ組閣がおこなわれた九月一〇日、

武田は、ある記者から訊かれた。

「総理から電話はありましたか？」

「いや、ないよ」

人事については、だいたい派閥の長からあらかじめ聞かされるものだ。

二階会長から、武田に連絡はない。報道陣は、どこからか噂話を聞いて確認にきただけなのだろう。そう受け流した。

ところが、その日の夕方近くになって、武田が留守にしている間に、志帥会副会長でもある林幹雄幹事長代理が事務所に顔を出し、秘書に「おめでとう」と言って帰っていったという。

事務所に戻り、そのことを秘書から聞いた武田は、記者の一人の「総理から電話は？」の言葉が真実味を帯びているような気がしてきた。

それからしばらくして、今度は、会長代行の河村建夫までもが事務所に訪ね、武田を励ました。

「よかったな、頑張れよ」

これは明らかに組閣名簿に自分の名が載っているということだ。さすがに、武田も身が引き締まる思いだった。

安倍総理から直々に電話をもらったのは、午後六時を過ぎた頃だった。

国家公安委員長。武田が、安倍総理から任じられたポストだった。

「しっかり、頑張ってください」

そう言った安倍総理は、さらにつけ加えた。

「兼務については、また電話します」

武田はすぐに、二階幹事長に電話を入れた。

安倍総理から国家公安委員長に任命されたことを報告すると、「おめでとう」のひと言だけが返ってきた。

二階からは、「自分が推薦した」といった話もなかったし、ましてや、武田を閣僚に推した理由を聞かされることもなかった。

武田がふたたび安倍総理から電話をもらったのは、それから一時間後のことであった。

国家公安委員長のほかに兼務するのは、内閣府特命担当大臣（防災）、行政改革担当大臣、国家公務員制度担当大臣、そして、二階が推進してきた国土強靭化担当大臣である。

初入閣の報に、武田の田川地区後援会会長で「九州筑豊ラーメン山小屋」を展開するワイエスフード名誉会長の緒方正年は、出張先の海外から喜びのコメントを寄せた。

「東京オリンピック・パラリンピックのテロ対策や、多発する地震や豪雨、台風などの災害対応で大変な重責と思うが、頑張ってほしい」

福岡県町村会長で、自民党福岡一一区支部幹事長でもある大任町《おうとうまち》の永原譲二町長も喜ぶ。

「二階幹事長の側近として幹事長室で力をつけたうえで、内閣でやりがいのあるポストに就いた。党員獲得などで実績を上げている点も評価されたのだと思う」

田川市の二場公人市長は期待を込めて語った。

「地元市長としてうれしい。政治家としてのセンス、行動力は目を見張るものがある。改造内閣でも二番目に若く、将来性も十分だ」

八月の記録的な大雨で自宅が床上浸水した佐賀県大町町《おおまちちょう》の坂本周二は、防災対策の充実を求めた。

「再建支援だけでなく、今後、被害を最小限に食い止められるよう、排水の強化などの検討も進めてもらえればありがたい」

二〇一九年の九州北部豪雨で被災した添田町《そえだまち》の寺西明男町長も歓迎する。

「豪雨災害を受けやすい山間部の多い町にとって、現場を知る方が防災担当大臣になられたのはタイムリーだ」

寺西町長は、被災後、一部区間で不通のままとなっているJR日田彦山《ひたひこさん》線を念頭に語った。

「防災後の復旧復興も大臣の目でしっかりご指導たまわりたい」

武田を支援する女性でつくる「田川コスモス会」の松岡久代会長は語った。

「ただ、ただ、感激です」

松岡は、かつて若き武田を担いで臨んだ衆院選の開票日、陣営に詰めていたテレビ局のクルーが、すーっと皆いなくなった出来事を振り返り、さらに感慨深げに語った。

「ああ、負けたんだなぁ、と。『若造』呼ばわりされていた、あの頃を思い出しました。いまや立派な政治家。炭鉱閉山後、働く場が少ないままの地元に希望を持ってきてほしい」

台風一五号被害に緊急対応

二〇一九年九月一一日の夜、宮中において内閣総理大臣を任命する親任式と、国務大臣任命の認証式がおこなわれた。

その翌日の朝七時前、同じ二階派の林幹雄幹事長代理は武田良太に電話した。

「台風一五号で、千葉県がズタズタになっている。就任直後で忙しいと思うが、現地に入ってくれんか」

林の選挙区は千葉一〇区である。銚子《ちょうし》市、香取《かとり》市、成田《なりた》市など北東部の広範囲にわたっている。武田が答えた。

「わかりました。千葉県といっても広いですから、場所をおっしゃってください。先生の地元でしょうから、言ってくだされば対応します」

林は、武田の即答にホッとした。

武田は、大臣事務引き継ぎなどの予定をすべてキャンセルし、林とともに被災地の香取市と多古町《たこまち》入りする。

じつは、国家公安委員長としての武田には、就任直後の九月二〇日から日本各地で試合がおこなわれるラグビーワールドカップの対応が待っていた。

武田はかねてから、森喜朗《もりよしろう》元総理のもとで、ラグビーワールドカップ2019日本大会成功議員連盟の幹事長として、アジアで初開催されるワールドカップに深く関わっていた。一一月二日の閉幕までのおよそ一カ月半に四〇万人の外国人が来日すると見込んでいた。国の名誉をかけるラグビーの試合である。中にはヒートアップする観客もいるかもしれない。

さらに、一〇月二二日には、即位礼正殿の儀が執りおこなわれることになっていた。天皇が即位を内外に示す儀礼だけに、世界各国の元首を招待する。警察庁警備局長の指揮のもと、VIP一人ひとりに充分な警護をつけ、来日から宿泊施設までルートでどのように誘導するかを決めなくてはならない。それも一九五カ国の国家元首を招待していた。

テロ対策を友好国の警察機関と情報交換をし、充分に練っておかなくてはならない。サイバーテロや二〇二〇年東京オリンピック・パラリンピックの警備体制の強化も大きな課題だった。

しかし、その矢先に、防災担当大臣として緊急事態が起こっていた。九月九日、台風一五号が関東に襲いかかっていた。関東に上陸する台風としては過去最大クラスと呼ばれた。台風一五号は、三浦半島から東京湾を抜けて千葉県に上陸し茨城県水戸《みと》市に抜けていく間、各地に爪《つめ》痕《あと》を残していた。

被災者たちは途方にくれている。待ったなしの対応が迫られていた。

武田は内閣府の大臣室に入ると、あいさつ程度の顔合わせをすませた官僚らとともに、被害状況の確認と、対策に追われた。

人的被害では、死者三名、重症者一三名。とりわけ千葉県では、倒木の下敷きになったり、海に流されたりして命を落とす二名の死者が出たほか、重症者が八名も出ていた。

建物被害では、千葉県市原市のゴルフ練習場に建っていた高さ一〇メートル以上の鉄柱が倒壊し、近隣の家屋に覆いかぶさるといった事故をはじめ七万六〇〇〇棟を超える住宅被害が出た。

二階派はジャマイカ

さかのぼること四年前の二〇一七年七月、自民党地方創生実行統合本部長の河村建夫は、島根県と山口県の視察出張することになった。

当時、内閣府地方創生推進事務局審議官であった青柳一郎は、河村をはじめ数人の国会議員と共に現地入りした。議員の中に、同じ二階派の武田良太の姿があった。

現在、国土交通省国土政策局長を務める青柳は、一九六二（昭和三七）年八月二日、神奈川県横浜市に生まれた。一九八六（昭和六一）年三月に東京大学法学部を卒業後、建設省に入省。福島県企画調整部企画調整課長、河川局総務課企画官などを経て、主に国土交通省大臣官房を担当してきた。

二〇一六年六月、青柳は、大臣官房付と併せて内閣府地方創生推進事務局審議官となった。

一泊二日のスケジュールで視察して回っているうちに、みな打ち解けた様子で話し始めた。すると武田が、二階派の特徴について語り始めた。

「二階派は、ジャマイカなんだよ」

突然、カリブ諸島のジャマイカが飛び出したので、みな何だろう、と耳を傾けた。

「会議とかでいろいろと意見が出るだろ。最後までまとまらずに『本当にこれでいいのか』と煮詰まると、最後は二階会長が『じゃあまあいいか』と言って決まるんだ。だからジャマイカなんだ」

武田の話で場が盛り上がる。青柳は思った。

〈へえ、おもしろいことを言う。武田議員は話のひきつけが上手いんだな〉

そんな武田のことを、同じ二階派の若い議員は「兄貴、兄貴」と呼んで慕っていた。武田はこの時まだ四十代後半。きっと親分肌で、若手議員の面倒見がよいのだろう。

青柳はその様子を印象深く見た。

〈武田さんは、あんなふうに若い先生から慕われる人なんだな〉

二〇一九年七月、内閣府の防災担当の政策統括官となっていた青柳は、武田良太が防災担当大臣に就任したと知ってホッと安心した。

霞が関でも、武田の評判は非常によかった。

霞が関で評判のいい国会議員とは、単に役人の言うことをそのまま聞く人ではない。政治家としての考えをしっかり持ちつつも、きちんと役人の話を聞いて理解してくれる。意見の相違がある場合は、「それは違う。おれはこう思う」とハッキリ意見とその理由を述べる政治家である。

就任したばかりの武田防災担当大臣が言った。

「まず、おれの目で確かめる。現地入りの準備をしてくれ」

官僚の常識では考えられない、非常時における即断即決の行動だった。大臣が被災地入りするとなるとさまざま準備が必要だ。通常であれば、役所から「明日にしてくれませんか」とやんわり断りを入れるところである。が、武田は準備の時間がないことも踏まえた上で、「とにかく今日行くから、段取りを付けてくれ」と言ったのだ。

青柳は、武田大臣が初登庁の日に被災地の千葉県に直行すると聞いて驚いた。普通の大臣なら「ひとまず役所から一通りの事務説明を聞いてから週末に現地に行けばいい」と判断するだろう。

ところが武田はそうしなかった。青柳はハッと目が覚める思いだった。

〈なるほど、災害時に大事なのは現場だ。武田大臣の「まず現地を自分の目で確かめる」とい

うスタンスは素晴らしいな〉

防災大臣は何をおいても真っ先に現地に行き、現地の状況を確認し、知事や首長から話を聞く。それがもっとも大切なことだ。武田の行動はそのままメッセージとなり、官僚の心を打った。

「一番困っていることは何ですか？」

武田は、二〇一九年九月一二日の午前九時には被災地入りした。

現地の首長も職員も、被災住民も、口をそろえて「こんなの初めてだ」と言うばかりで、何から手をつけてよいのか、手をこまねいていた。

〈九州とは初動が違う〉

武田がまず感じたことだった。

武田が生まれ育った福岡県では、台風が年に数回は必ず押し寄せ、大なり小なりの爪痕を残していく。ある意味、自然災害に慣れていて、その備えができている。台風が過ぎ去ったあとに何をすればいいのかも熟知している。それに対し、これまで台風が来てもそれほど被害の少なかった千葉県では、県民の気持ちも備えも充分でなかったのだ。

農家も、まさか農作物が根こそぎ被害を受けるとは思ってもいなかった。福岡県の農家であれば必ずといっていいほど掛けている共済保険に入っている農家は、千葉県では思った以上に少なかった。

一般家庭では、吹き飛ばされ瓦でガラスが割れるなどの被害も珍しくなかった。

深刻だったのは、インフラの崩壊だった。推計二〇〇〇本の電柱が損傷し神奈川県と千葉県を中心に九三万戸が停電した。

千葉県では、浦安《うらやす》市、野田《のだ》市、我孫子《あびこ》市以外の自治体で停電が発生した。千葉県内での停電はピーク時で約六四万戸におよんだ。通信網も遮断されて被害状況を正確に把握できない状態が続いたこともあり、復旧までには二週間以上かかる被害だった。

しかも、応急処置も進まぬうちに、ふたたび秋雨前線による大雨が千葉を襲った。一部損壊で済んだ家屋が半壊となり、半壊の家は全壊した。さらなる被害の拡大は、ただでさえ電気、ガス、水道といったインフラを失い途方に暮れている被災者の心も打ち壊した。

武田は、一刻も早い回復のために奔走した。内閣府の防災担当大臣は、災害時のいわば総司令官のような立場にある。連携をとりあい、いかに的確でスピーディーな救済ができるかが課題だ。

武田大臣と共に地元に入った林幹雄によると、武田は防衛大臣政務官や防衛副大臣などを務めた防衛族であるため、災害対策にも精通しており、被災者たちをいたわるのと同時に、質問を投げかけた。

「一番困っていることは、何ですか？」

すると多古町の住人が「ずっと風呂に入れていない」と言う。町内の八割で停電・断水が起きており、固定電話も使えない厳しい状況だった。

武田は即座に自衛隊に連絡し、自衛隊式浴場「野外入浴セット」を素早く手配した。

入浴セットは、施設全体を覆う巨大なテント、一万リットルを蓄えることができる貯水タンク、シャワー、野外浴槽、脱衣所があり、トレーラーとしてけん引されるボイラーやポンプ、発電機なども構成品として組み込まれている。一回三〇人、一日一二〇〇人が利用可能で、陸上自衛隊でなければ管理運営が不可能な規模の臨時施設である。

入浴セットは、被災者たちから心の底から喜ばれる施設だった。自衛隊員が素早く設置する様子は頼もしく、大歓迎された。

武田は問題から逃げず、被災現場の声を拾い上げることに邁進した。

大臣室で部下を直接ねぎらう

武田には、真剣に仕事に取り組む者だけが持つ〝気迫と厳しさ〟があった。その姿を見ていると、役人側も〈中途半端な仕事は許されない〉と気が引き締まったという。

官僚が武田の意に添わないことをして注意を受けても、その後、何かしらのフォローが必ずあるのも、いかにも武田らしかった。飲み会で「まあまあ、おまえもよくやってくれているよな」と何気なく言ってくれたりする。叱られた身としてはこそばゆいが、武田の人間的度量を感じる瞬間でもある。

内閣府のある官僚はこう証言する。

〈リーダーとして、厳しい意見を言うことも役目の一つだと考えておられるのだな〉

が、武田は誰かを贔屓《ひいき》したり特別扱いしたりすることはなかった。だから職員側も、いつも正当な評価をしてくれている、という信頼感があるという。

ある時、武田は被災地への災害対応に当たる官僚を大臣室に呼び出したことがあった。

〈大臣から直々に呼ばれるのは一体何だろう〉

緊張して大臣室に入った官僚は、武田から言われた。

「迅速な災害対応に被災地の首長から感謝の声が自分にも届いている。対応ありがとう」

戻ってきた職員に周囲が「どうでしたか？」と尋ねた。

「いやあ、緊張して大臣室に入ったら、逆に大臣からねぎらわれちゃって、咄嗟《とっさ》にどう返答していいかわからなくなっちゃった」

直接、大臣室で高く評価された官僚は思った。

〈ああ、大臣は、職員の仕事ぶりを正当に評価してくれる方だなぁ〉

かの田中角栄を彷彿《ほうふつ》させるような大臣としての官僚掌握術は、一朝一夕に生まれるものではない。世襲《せしゅう》議員や官僚出身の政治家にはできない芸当だ。大臣室で直接ねぎらいの言葉をかけられた官僚は、大臣への忠誠心と仕事に打ち込む姿勢が必ず変わる。

やはり初当選まで苦節一〇年の時を過ごした「地獄を見た男」だからこそ、人間を見る目が養われるのだ。

内閣人事局の核心と深謀遠慮

ここで内閣官房内閣人事局の仕事を簡単に紹介する。

国家公務員は現在約三〇万人いる。これには自衛官は含まれていない。

日本はこれまで行政改革の名の下に公務員の定数を削減してきた。その結果、三〇万人にまで絞り込まれた。だが、各省庁では仕事が増えている。国家公務員は忙しく働いているが、中には日常の業務が回らない部局も出てくる。そうした部門からは「人を増やしたい」との要求が上がることになる。

霞が関では予算を策定する際、各部局は財務省主計局に要求し、査定を受ける。人事局の仕事は主計局に似ている。人材が欲しい部局は人事局に要求し、査定を受けるのだ。これは毎年度繰り返されている。武田良太は、担当大臣としてこの業務も所管した。

国家公務員のすべてが霞が関で働いているわけではない。実際には出先のほうがはるかに多い。一番大きいのは税務署だ。

国家公務員とは「小さな専門集団」である。刑務官は刑務所の中で働く。海上保安庁の職員は船に乗る。公共事業や災害復旧に当たる地方整備局（国土交通省）、防衛省には自衛官以外に事務職や技術職、新型コロナワクチンの大規模接種で活躍する医療職の職員もいる。

住民に身近な行政の多くは地方自治体が執りおこなう。国家公務員は住民にとって日頃は縁がないものの、国以外ではできない仕事を担っている。

全省庁からさまざまな要求がたくさん出される。だが、そのすべてに応えるわけにはいかない。当たり前だが、国家公務員の人件費は税金で賄われる。自ずと限界はある。

度合いを見ながら人員配置を調整していく。それが内閣人事局の役割だ。

山下哲夫内閣官房内閣人事局人事政策統括官（当時。現・総務省総務審議官）が、武田良太総務大臣と初めて出会ったのは、二〇一九年のことだ。山下の親元は総務省。東京大学法学部を卒業後、総理府に入省。以来、行政管理庁、総務庁と、行政改革畑を主に歩んできた。

武田は先に触れたように、二〇一九年九月一一日、第四次安倍晋三第二次改造内閣で国家公安委員会委員長、行政改革担当大臣、国家公務員制度担当大臣、国土強靭化担当大臣、内閣府特命担当大臣（防災）として初入閣を果たした。

国家公務員担当となれば、内閣人事局も所管する。そこで人事政策統括官である山下とも対面することになったわけだ。

〈いや、これは非常に豪快な大臣だな〉

山下の第一印象である。

山下ら人事局の職員は、それぞれの役所、部局はどれくらい忙しいのか。そこを見ながら、事務的に処理していく。

各省庁や大臣によっては、

「この分野はもっと強力に推進していかないといけないのに、人が足りない」

と感じているかもしれない。

武田が担当大臣だった二〇一九年の夏は台風が多かった。被災地の復旧に際しては地方整備局や防衛省が活発に動いた。

そういう役所からは「人員が必要だ」と要求がなされる。それに加え、前述のように大臣個人の思いがあれば、政治的な要求が出ることもある。

山下ら事務方としては判断に迷うことがあれば、大臣や政務三役と相談しながら進めていく。

武田は山下の上司であると同時に防災担当大臣も務めていた。災害の現場に足を運びつつ、要求が出た災害対応の人員増の査定もしなければならない。これに関しては単に人数の問題とは言えない。政府の方針に関わる話だ。山下らは武田と相談しながら仕事を進めた。現場の意向と武田の考えが食い違うこともある。そんなとき、武田は言う。

「いや、ここはもっと必要なんじゃないか。もっと増やしたほうがいいんじゃないか」

山下たちは「あとどのくらい増やせばいいのだろう」と考える。武田は防災担当大臣を兼務し、防衛副大臣の経験もある。「土地勘」はあるはずだ。山下は聞いてみた。

「大臣、どの程度増やせばいいでしょう。何かお考えはありますか」

だが、武田は具体的に「何人」とは決して口にしなかった。山下は思う。

〈今から思えば、そこは武田大臣らしさだった〉

武田が具体的な数に言及しないのには理由があった。もっとも、この点について山下は武田に問いただしたわけではない。あくまで推測だ。

大臣である武田が「あと何人」と口に出してしまうと、現場の職員たちは「出口」がなくなる。それでは身動きが取れない。おそらく武田は「そこは役所、山下にも考えがあるだろう」と慮《おもんぱか》ったのだ。

それでなくても、内閣人事局が扱う分野は幅広い。均衡を取りながら仕事をする必要がある。

〈だから、大臣は具体的な数をおっしゃらなかったのだろう〉

山下はそう信じた。武田は「まずはお前が自分で考えてみろ」と言っているように感じた。

山下は気合が入った。どのくらいなら仕事が回り、他と比べて遜色のない水準になるのか。考え抜いた上で武田に上申した。

そうなると、武田はもう何も言わない。「なるほど、わかった」とうなずくだけだ。

山下はこう考えた。

〈大臣がこれだけの思いでやられたことだ。相手省への「これだけ増やす」との伝達も大臣自らやっていただいた方がいいんじゃないか〉

だが、武田は決して引き受けなかった。

「君がやれ」

山下はここでも推測した。

〈ご自分の手柄みたいになるのが嫌なんだろう。そういうことはされない方なんだな〉

一方、要求はあっても、増やす必要はない分野もある。それでも増やしてほしいと、その省庁の大臣から武田に直接要請がある場合がある。

「そろそろ来そうだな」

そう察したら、山下は武田にレクチャーした。

「武田大臣にもこう言ってこられると思います。しかし、この分野にはこういう問題があるんです」

武田の理解は早かった。

「ああ、そうか。これじゃあ、ちょっと増やせないな」

だが、武田は大臣間の折衝の場で「いや、こういう問題があるから」とは言わなかった。

山下はここでも推測する。

〈役人は都合のいいことしか大臣に上げない。それとは違う本当のことを武田大臣が言い出したら、どうなるだろう。その大臣は「何、こんな問題があるのか？　俺は聞いてないぞ」と怒り出すかもしれない。これでは部下は立場がなくなる。武田大臣はその点に配慮されたのだろう〉

山下は政治には疎い。だが、武田を慕う若手政治家が多いと聞いたとき、その理由はわかるような気がした。これだけ豪快で繊細な政治家が慕われないはずはないからだ。

「また飲みたいと思わせる大臣」

新型コロナウイルス感染症が蔓延《まんえん》する以前の二〇一九年一一月頃の話である。

武田と内閣府人事局幹部の飲み会で、山下は武田と一緒に初めて飲んだ。若干の緊張はあった。

会は明るく楽しく、話題はあちこちに飛ぶという実に武田らしい展開で進んだ。あまりに楽しかったので、山下もつい飲み過ぎてしまった。

山下はもともとそれほど強いほうではない。武田らと別れるところまでは覚えているが、その次の瞬間から記憶がまったくなかった。

一応家には帰り着いた。だが、よく朝起きてみると、眼鏡が割れている。検証してみると、どうも自宅のドアに頭をぶつけたようだ。メガネはその拍子に割れたのだろう。

翌朝、絆創膏を貼って出勤した。さっそく武田が見とがめた。

「おう、どうしたんや」

「いや、ちょっとメガネが割れました」

「大丈夫か」

「いや、どうも何も怪我してないから、自分でぶつけて割れたみたいです」

武田は大笑いした。

この時のエピソードは武田の持ちネタになっている。行く先々で披露し、笑いを取っているらしい。

〈武田さんとまた飲みたい〉

山下はずっとそう思っている。だが、コロナ禍が収まらない限りは仕方がない。

仕事をしても、飲んでいても楽しい。山下にとって武田はそんな存在だ。つまりは気持ちがいいということだろう。一緒にいて嫌な気分になることがないのだ。

現在でこそコロナ禍のため難しくなっているが、武田は、以前から官僚などとも酒席をともにし、頻繁に意見交換をおこなってきた。

武田は語る。

「そういう席じゃないと活発に意見が出てこないこともある。むしろ酒席だから、闊達《かったつ》に議論できたり、自分のアイデアを披露してくれたりするもんなんです。私はお酒の席で議論を交わしてこそ、心を開いてもらえることもあると思っています」

新型コロナウイルス感染症が蔓延する前、武田防災担当大臣は官僚たちとしばしば飲みに出かけた。多くは仕事が節目を迎えたときだ。

山下哲夫ら内閣人事局の仕事は、各省庁との折衝を経た暮れの予算閣議の時点で（実質的にはその少し前に）決着する。

〈これでやっと片付いた〉

山下がデスクでため息をついていると、電話が鳴る。

「どうだ。今日は」

武田からだった。飲みの誘いである。

「今日あたりきっと飲みたいだろう」と、仕事の流れから割り出して声をかける。毎回、絶妙なタイミングだった。

部下の側から多忙な大臣に「飲みましょう」とは言えない。それでも、武田は何度か節目で声をかけてくれた。


昨年は人事の折衝とは別に大きな山場があった。国家公務員の定年を延長する法案である。山下の隣の部局が担当だった。定年延長した場合の公務員の人数をどうするかという問題もあるので、山下の仕事にも関わってくる法案だ。

二〇二〇年の国会で武田は国会答弁を担当大臣として受け持った。そうした関係で山下は他の担当と共に説明したり、国会に臨んだりした。

折しも世間は黒川弘務《くろかわひろむ》東京高検検事長の問題に注目していた。国家公務員の定年延長には検察官も当然含まれる。黒川の問題に関連して、新聞で散々叩かれた。

「この法案は恣意的な人事をおこなうための布石ではないか」

国会での追及も厳しかった。

内閣官房の法案だから、内閣委員会にかけられる。となると、大臣で出席するのは武田一人となる。検察庁の部分は法務大臣が担当だが、内閣委員会には出てこない。

それでも副大臣・政務官や局長・審議官ら官僚は呼べた。だが、武田は一人で矢面に立った。

野党は武田にすべての質問をぶつけてくる。武田は担当でなく、専門ではない分野についても一人で答えた。山下は思った。

〈武田大臣は知らない話でも堂々と質問に答えている。失礼かもしれないが、これはすごいことなんじゃないか〉

怯《ひる》んだり、おどおどしたりすることは最後までなかった。山下は「政治とはこういうことか」と感心しながら眺めていた。

法案は結局廃案になった。武田は自分の担当分野ではない検察の部分で散々いじめられた。一度は不信任案まで出されたが、成立が見送られることとなって取り消された。

廃案になった日、山下のデスクの電話が鳴った。

「残念会をやろう」

武田大臣からだった。自分のこともさることながら、部下も落ち込んでいると察したのだろう。

武田大臣は一緒に飲んでいて楽しい相手だった。酒の種類はさまざま。量は結構いけるほうだろう。（注：緊急事態宣言も、まん延防止等措置も発令されていない二〇二〇年六月頃の話である）

山下たち官僚は政治の微妙な機微はわからない。宴席で武田はその点を解説してくれた。

「あれは、こういうことなんや」

山下は目から鱗《うろこ》が落ちる思いだった。武田の話はものの見方の勉強になる。しかも、場を盛り上げてくれる。世間話もする。本当に楽しかった。手綱を抑える、緩めるの見極めが絶妙だったという。

〈本当に頭がいいんだな〉

山下は武田を見ていて、何度そう思ったかしれない。叩かれても平気な武田から学んだこともある。

〈上司がおたおたしないことだ。部下にとって、それが一番やりやすい〉

事態が難航すると、「さあ、これをどう片付けようか」と、むしろ楽しんでいるように見えることさえある。

折衝の場での武田も巧妙だった。「ここは言わないほうがいい」という場面ではとぼける。硬軟取り混ぜて攻めも受けもできる。だが、芯の方針はしっかりしていたという。

武田良太を「二階派の総理総裁候補」と見る向きもある。

〈そういう声もお耳には届いているんだろう。その上でまた気を遣っているに違いない。武田さんは、二階派はもとより自民党内でも人気があるんだろうな〉

政治には疎いと自認する山下でさえ、ついそう考えてしまうほど、武田は魅力的な政治家だった。

武田良太以前の内閣府担当大臣はほとんどが一期務めて終わりだった。各省大臣は課題がある場合、留任するのとは対照的である。

山下は当初、武田もその一人だろうと思っていた。だが、菅義偉内閣発足時にも武田は閣内に残り、総務大臣に横滑りした。

「えっ」

テレビで組閣のニュースを見て山下は驚いた。想像もつかない人事だったからだ。だが、すぐに思い直した。

〈武田さんならではの馬力で携帯電話値下げやNHK改革に取り組んでいかれるんだな〉

業界や霞が関と喧嘩をする上では力学を知っておかなければならない。どことどこがどうつながっているのか。それがわかっていない限り、喧嘩のしようがないからだ。

武田大臣は官僚を見て、

「こいつは、役に立つ」

「こいつは、わかって動いてくれる」

と見抜くのが異様に早い。ほぼ一目で判断できる。しかも外すことがない。

自分が所管する省庁だけではない。折衝に訪れた他省庁の役人であっても変わらない。

見込まれた官僚はやる気を出して働く。山下の見るところ、これは政治家が派閥の枠を超えて動くのと近いのかもしれない。山下は思う。

〈武田さんは人の使い方、悪く言えば、転がし方が非常にうまい〉

武田のファンは、霞が関の至る所にいる。現在、所管する総務省でも旧自治省系とは付き合いがあったのかも知れない。だが、旧郵政省系とはあまり付き合いがなかったのではないかという。

利便性より安全——国土強靭化の核心

武田防災担当大臣は、自分を補佐する政務秘書官には防衛省の官僚を任命した。防衛副大臣を務めた時の秘書官である。防災には必ずフル活動する自衛隊を所管する防衛省とすり合わせがおこなえる方がいいと判断したからだった。

実際の被災地への物資の供給は、被災地からの要請を待つまでもなく供給側の判断で送りこんだ。ブルーシートはもちろん、段ボール型ベッド、避難所で避難者と避難者を隔てるためのパーティション……。プッシュ型と言われる供給形式である。

台風一五号被害への対応では　被災地の要請によって不足物資を供給するそれまでの受け身の被災対応とは異なる攻めの姿勢で臨んだ。安倍総理も自らリーダーシップを執り、各局面での指示も早かった。県よりも早い対応をしたこともしばしばあった。

それでも、酷暑の中、エアコンや扇風機も使えず、断水のために十分な水分補給もままならず、熱中症で死亡する住民もいた。

どうする手立てもない被災者の気持ちを少しでも和らげるための簡易風呂も、自衛隊の協力を得て各地の駐屯地にあるものをかき集めてもらい設置した。

ほかにも、停電に関しては経済産業省、飲料水の確保は厚生労働省とそれぞれの担当部署に指示を送った。

補償の面でも、台風一五号の一連の被害を激震災害と認定し、国を挙げての救済態勢を整えた。台風での被害にその後の大雨による被害も含めて一連の被害を補償した。家屋の一部損壊も補償の対象とするなど補償の範囲を広げた。共済などの保険に入っていない農家への補償も手厚くした。

さらに、台風一五号の災害認定を機に、その少し前の梅雨の時期、予想を超える被害を受けた、佐賀県などの九州地方の災害も激甚災害に認定した。

しかし、自然災害は、それだけには終わらなかった。一〇月一二日、台風一九号が東日本を襲った。東北地方を中心に、長野県、埼玉県での被害が大きかった。災害救助法適用自治体は、一四都県三九〇市区町村を数え、その数は、東日本大震災を超えた。

一〇月に入ると、東北はすでに秋から冬へと移り変わろうとしていた。避難所の住民は寒さを訴えてきた。武田は、経産省を通じて、家電メーカーに依頼し電気ストーブを供給した。地球温暖化の影響もあり、台風の経路が変わってきている。これまで予想されてきた経路から逸れて北上するようになったのである。

「こんなこと初めてだ」

どこでもそう聞かれるような被害を受けるのは、そのためである。

この変化に、国土交通省が築いてきた堤防も対応できていない。国だけでなく、人も社会も、地球の変化に対応できていない。

課題は山積みで、急を要する。台風は毎年やってきて、しかも、駿河湾から日向灘沖にかけてのプレート境界を震源域とする南海トラフ地震が、この数十年のうちに必ず起こると警鐘が鳴らされている。

防災はこれからの大きな課題であるため、内閣府の一機関ではなく、防災担当部署を独立させて防災省の設置を求める声もある。構想としては、とても理にかなったものだ。専門部署として一貫して災害対応できれば、それがもっとも的確で即時性の高い対応ができるのだろう。

しかし、実際に防災担当大臣として指揮を執った武田からすると、停電の普及対応は経産省、水の確保は厚労省、ブルーシートの供給は国交省といったように、台風一五号での被災対応はそれぞれの省庁がそれぞれの専門分野でおこなった。的確にスピーディーに対応できた。

それができたのは、それぞれの省庁が、関係各所と日常的につながっているからこそ。互いの意志が通じあっているからこそだ。

例えば、東北地方の避難所にいる避難者たちの寒さしのぎに、電気ストーブを用意したいときには、経産省の部署を通じて、家電メーカーに要請した。すぐに必要な数の電気ストーブを用意できた。

もしも防災省の官僚がいきなり依頼してもすぐには対応してもらえない。防災省とメーカーは、日常的なつながりがないからだ。日常的なつながりのないところでは即時に対応できない。そのことで、現場での混乱が招きかねない。

むしろ、ふだんから、内閣府防災担当と内閣府官房が中心となって、各省庁の出向者と連絡を取り合い、情報を共有しあう。そのことで、各省庁横断のチームづくりができあがっていれさえすれば、いざというとき、それぞれがそれぞれの部署ですぐに動ける。

武田が思うに、いま求められているのは、戦後、経済を発展させるために利便性を考えて進められてきた国土計画の転換だ。このまま経済発展に軸を置いた国土計画を推進し安全対策を放っておけば、毎年毎年、自然災害による被害は大きくなるばかりだ。

利便性よりも安全性。実現の基軸となるのが、二階が提唱してきた国土強靭化計画だ。

緊急対策として、この三年かけて一六〇にわたる項目を洗い直した。これからは、新たな安全基準を練り直す。課題は山積みで、しかも、急を要する。実際に安全な国土づくりのための財源も必要だ。

武田は、防災担当大臣として、二階が長年主張してきた国土強靭化計画がいかに先見性のあるものだったかをあらためて感じさせられた。

二階は、現場主義だ。現場に足を運び、現場で感じ取ったことを政策として練り上げ大胆に打ち出している。

国土強靭化計画も、二階の地元・和歌山県が津波、地震の脅威にさらされてきたからこそだ。先見性と着眼点、誰もが真似できるものではない、その決断力、実行力の源は現場にあり、そして、人間を大切に思う心にある。それが、二階俊博という政治家の真骨頂だと武田は思っている。

球磨川氾濫、被災地対応職員への差し入れ

二〇二〇年七月三日夜から、熊本県南地域と鹿児島県が豪雨となった。熊本県を流れる球磨《くま》川《がわ》水系は、八代《やつしろ》市、芦北町《あしきたまち》、球磨村、人吉《ひとよし》市、相良村《さがらむら》の計一三カ所で氾濫・決壊し、約一〇六〇ヘクタールが浸水した。

武田大臣はこの時ちょうど地元の福岡に戻っていた。被災状況を聞いてすぐに現地入りを決

め、先遣部隊のわずか数時間遅れで熊本入りし、蒲島郁夫《かばしまいくお》知事と面会した。

東京から飛行機で駆けつけた内閣府の防災担当職員も合流し、この日は夜遅かったため翌日に現場へ行くことになった。

甚大な被害を被った人吉市では、球磨川のすぐ近くまで車を走らせて状況を確認した。水に流された車はひっくり返り、土砂があちこちにうずたかく積もっている。住宅にも土砂が入り込み、床上まで泥まみれの家もある。住民はみんな泥かきに追われていた。

災害時には、各省庁からいっせいに防災担当の職員がやってくる。例えば、土砂の処理は国土交通省、瓦礫《がれき》の処理は環境省のようにそれぞれの省庁で役割分担があるためだ。内閣府の防災担当は各省をまとめ調整する役割を担っている。事務方で毎日、関係省庁会議を開いて情報共有し、大臣はその報告を聞きながら必要な政策を練る。

大臣や各省の役人たちは近所のホテルで寝泊まりをするが、作業は深夜にまで及ぶ。忙しい中、困るのは食事である。武田は、ホテルのレストランにかけあった。

「すまないが、レストランにあるコメをあるだけ使って、おにぎりを作ってくれないか。県庁に詰めている職員に食わせてやりたい」

武田のはからいで、県庁におにぎりの差し入れが入った。東京にいる時も、災害や国会対応で残業する場合は、武田がおにぎり、カップラーメン、栄養ドリンクなどを差し入れるよう手配してくれた。

こうした指示を受け、差し入れる飲食物を手配し、配るのも内閣府防災担当大臣室の職員の役目である。細やかな気遣いも、現場のモチベーションアップに大いに役に立ったという。

党派を超えた被災地支援

武田は、二〇一九年一〇月二九日付の産経新聞でインタビューに答えている。

「防災担当相として、台風15号や19号で被災した長野や福島、千葉などを訪問し、かつてない規模の雨量や風速による被害の大きさに驚かされました。歴史をさかのぼると、甚大な災害に慣れていない地域にも今回、突然今までになかった規模の大きな台風が通過した。人間の浅はかな予測で自然の脅威を決めつけてはならないと痛感しました。

災害復旧に関し、現在は『原形復旧』が原則ですが、道路や堤防、橋などが二度と崩れないよう、より強度な災害に耐えられるインフラ整備を復旧・復興に組み込む必要があります。

福島県の阿武隈《あぶくま》川も過去の水害を踏まえて堤防が整備されていましたが、相次ぐ台風で決壊し、多くの被害が発生しました。令和2年度までの防災・減災・国土強靱化のための3カ年緊急対策については、その進展や達成度合いなどフォローアップも必要だし、国土強靱化が3年間でできるわけがない。さらに充実度を深める必要があるという認識を広く共有すべきです。

安倍晋三総理と一緒に被災地を回る中で、生活必需品などのプッシュ型支援に対し被災自治体から政府の対応を評価していただいています。

各政党もそれぞれ被災地の要望や意見をくみ取っていますが、それを復旧・復興に役立てるということも重要です。先日、共産党の志位和夫《しいかずお》委員長らから避難所での温かい飲み物の提供などの生活支援について要望を受け、対応させていただきました。その後も志位委員長とは電話で話し、感謝していただけました。被災者支援に必要なことは党派を超えてしっかり耳を傾けることが大事です。

所属する自民党二階派を率いる二階俊博幹事長は、自然災害が多い和歌山県のご出身ということもあり、自然災害の脅威に敏感な政治家で、日本列島はどこでも、何がいつ起こるか分からないという警鐘を国民に鳴らし続けてこられた。一緒に仕事をさせていただき、非常に勉強になったことを改めて感じています。

『二階イズム』？　そう、スピードですね。災害発生で危険を察知したら、避難勧告など見切り発車でいい、空振りを恐れずに初動体制を取る。政府や自治体だけではなく、被災地で生活されている方々に確かに情報が届き、しっかりと行動に移してもらえるシステムづくりや、そういう意識を関係者全員が持つことが大事です。

今日までの日本は高度経済成長も含め、上をずっと向いて、とにかく発展、発展で来た部分がある。国土形成についても生活の利便性を追求してきた。ただ、今後は、国民の命や生活を守るためには、災害や、テロも含めたいろいろな脅威を踏まえた安全な国造りが大きなポイントになると思います。

国内的には国土強靱化政策の推進や子供の教育も重要でしょう。世界のグローバル化が加速する中、平和を一国で維持できる時代ではない。外交戦略を強化し、少しでも多くの友好国との連携を充実させることも必要だと思います」

第五章　コロナ禍の権力闘争

電撃辞任

二〇二〇年八月二八日午後二時七分、「列島ニュース」を放送中だったＮＨＫは、画面上段に臨時の速報テロップを流した。

「安倍首相辞任の意向を固める　持病悪化で国政への支障を避けたい」

安倍晋三総理の辞任を伝えたＮＨＫの第一報は、永田町だけでなく日本中を駆け巡った。

二〇一二年一二月一六日の第四六回衆議院議員選挙に勝利して発足した第二次安倍政権は、近年稀に見る長期政権となっていた。

第二次安倍政権は、大胆な金融緩和を主軸とする「アベノミクス」と呼ばれる経済政策を推進し、消費税を二回、引き上げた。さらに、集団的自衛権の行使を可能とした安全保障法制や、特定秘密保護法、共謀罪などを成立させるなど、歴代の政権が取り組もうとしなかった難しい政策テーマにも積極的に取り組んでいた。

その一方で、安倍総理自身や昭恵夫人の関与が追及された森友・加計《かけ》学園問題や「桜を見る会」などの問題も相次ぎ、長期政権における弊害も指摘され始めていた。

二〇二〇年に入ると、政権はさらに苦境に立たされつつあった。

新型コロナウイルスの感染拡大により、予定されていた東京五輪・パラリンピックの一年延期が決定する。

また、新型コロナウイルスへの対応では「アベノマスク」と揶揄《やゆ》された布マスクの全戸配布や、安倍総理が自宅でくつろぐ動画の投稿などが世間の批判にさらされた。支持率はジワジワと低下し続けていた。

五月におこなわれた朝日新聞の世論調査では、内閣支持率は、第二次安倍政権で最低の二九%を記録し、厳しい政権運営を強いられていた。

そんななか、八月に入って以降の永田町における最大の関心事は、安倍晋三総理の体調問題であった。

安倍総理は、八月一七日に、東京都新宿区にある慶應義塾大学病院に約七時間半滞在して日帰り検査を受診していた。さらに、翌週の八月二四日にも、追加検査として通院した。

ちなみに二度目の検査を受けた八月二四日は、安倍総理が自らの大叔父である佐藤栄作の持つ総理大臣連続在職日数記録の二七九八日を超える二七九九日目であり、最長記録を更新した日でもあった。

安倍総理の体調問題は、今回が初めてではなかった。第一次安倍政権の退陣時にも、持病の潰瘍《かいよう》性大腸炎の悪化で、突然の辞任に追い込まれていた。

そのため、今回も、通院後に安倍総理から具体的な説明がなかったこともあって、「持病が悪化しているのでは」との推測が流れていた。

だが、永田町では「会見で自身の健康状態について説明し、続投するのでは」という楽観的な見方が主流になりつつあった。

NHKの一報は、そのような総理続投の観測を打ち消すだけでなく、午後五時にセットされた記者会見の目的が「辞任表明」にあったことまでも明らかにした。

じつは、NHKが一報を伝える前から官邸では、異変が起きつつあった。

それは二八日午前の閣議終了後だった。安倍総理は、麻生太郎副総理兼財務大臣と二人だけで会談した。安倍は、この時初めて、麻生に辞任する意向を伝えたという。

麻生にとっても安倍の辞任は想定外だった。麻生は、前日の夜、自らが率いる麻生派(志公会)の幹部たちと会食し、希望的な観測を伝えていた。

「総理は元気になっているから、辞めることはないだろう」

驚いた麻生は、安倍総理を強く慰留した。だが、安倍が一度決断したその考えを翻すことはなかった。

NHKの一報が駆け巡っていたのと同じ時刻、自民党の二階俊博幹事長は、千代田区平河町にある自民党本部で当事者の安倍総理と会談していた。

会談には、二階の右腕である最側近の林幹雄幹事長代理も同席していた。

二階は、この会談で、安倍から辞任の意向を直接伝えられ、今後の党運営などについても協議した。

二階は、安倍の辞任の意向を受けて、午後三時から、自民党の臨時役員会を開催した。臨時役員会では、安倍の後任を選ぶ総裁選についての協議をおこない、後任選びの手続きが幹事長の二階に一任されることが決まった。

党内からは、政治空白を避ける狙いから、両院議員総会による総裁選挙とする方向で調整することになり、九月一日の総務会で正式に決定したうえで、党総裁選挙管理委員会で具体的な総裁選の日程を決定することになった。自民党の党則では、任期途中に総裁が退任した緊急時は、両院議員総会で後任を選ぶことができると定められている。

その場合は、三九四票の国会議員票と都道府県連に各三票割り当てられた一四一票の計五三五票で総裁選はおこなわれる。任期途中での退任のため、次の総裁の任期は、安倍総理の残り任期の二〇二一年九月末までとなる。

八月二八日午後五時、安倍総理は、記者会見に臨んだ。

新型コロナウイルス対策の政策パッケージを説明したのち、辞任について語った。

「一三年前、私の持病である潰瘍性大腸炎が悪化をし、わずか一年で総理の職を辞することになり、国民の皆さまには大変なご迷惑をおかけいたしました。その後、幸い新しい薬が効いて体調が万全となり、そして国民の皆さまからご支持をいただき、ふたたび総理大臣の重責を担うこととなりました。

この八年近くの間、しっかりと持病をコントロールしながら、なんら支障なく、総理大臣の仕事に日々全力投球することができました。しかし、本年、六月の定期検診で再発の兆候がみられると指摘を受けました。その後も、薬を使いながら、全力で職務に当たってまいりましたが、先月中頃から、体調に異変が生じ、体力をかなり消耗する状況となりました。

そして八月上旬には、潰瘍性大腸炎の再発が確認されました。今後の治療として現在の薬に加えまして、さらに新しい薬の投与をおこなうこととし、いたしました。今週初めの再検診においては、投薬の効果があるということは確認されたものの、ある程度継続的な処方が必要であり、予断を許しません。

政治においては、最も重要なことは結果を出すことである。政権発足以来七年八カ月、結果を出すために全身全霊を傾けてまいりました。病気と治療を抱え、体力が万全でないという中、大切な政治判断を誤ること、また、結果を出さないことはあってはなりません。

国民の皆さまの負託に自信を持って応えられる状態でなくなった以上、総理大臣の地位にあり続けるべきではないと判断いたしました。総理大臣の職を辞することといたします。

現下の最大の課題であるコロナ対応に障害が生じるようなことはできる限り避けなければならない。その一心でありました。悩みに悩みましたが、感染拡大が減少傾向へと転じたこと、そして冬を見据えて対応策をとりまとめることができたことから、新体制に移行するのであればこのタイミングしかないと判断いたしました」

安倍総理は、残された課題について語った。

「この七年八カ月、さまざまな課題にチャレンジしてまいりました。残された課題も残念ながら多々ありますが、同時にさまざまな課題に挑戦する中で達成できたこと、実現できたこともあります。すべては国政選挙の度に力強い信任を与えてくださった、背中を押してくださった国民の皆さまのおかげであります。本当にありがとうございました。そうしたご支援をいただいたにもかかわらず、任期をあと一年残し、他のさまざまな政策が実現途上にある中、職を辞することになったことについて国民の皆さまに心よりおわびを申し上げます。

拉致問題をこの手で解決できなかったことは、痛恨の極みであります。ロシアとの平和条約、また憲法改正、志半ばで職を去ることは断腸の思いであります。

しかし、いずれも自民党として国民の皆さまにお約束した政策であり、新たな強力な体制の下、さらなる政策推進力をつけて実現に向けて進んでいくものと確信しております。

もとより、次の総理が任命されるまでの間、最後までしっかりとその責任を果たしてまいります。そして治療によって、なんとか体調を万全として、新体制を一議員として支えてまいりたいと考えております。国民の皆さま、八年近くにわたりまして、本当にありがとうございました」

安倍は、その後の記者との一問一答で、総裁選の形式や、自身の意中とする後継候補について訊かれて、答えた。

「次の自民党総裁をどのように選出していくかということについては、執行部等におまかせしておりますので、私が申し上げることではないと思いますし、誰かということも私が申し上げることではないだろうと、思っております」

また、記者から辞任を具体的に判断した時期や、相談相手の有無について訊かれて、応えた。

「月曜日（八月二四日）にそういう判断をしました。その中で、この秋から冬に向けてのコロナ対策をとりまとめなければならない。そして、その実行の目途を立てる、それが今日の日となったということであります。この間相談したかということですが、これは私自身、自分一人で判断をしたということであります」

記者会見は、突然の辞任となった第一次政権の時とは違い、政策に一定の道筋をつけて退陣する形をつくるという安倍総理の思いがにじむものであった。

ポスト安倍――菅義偉と二階俊博

安倍総理の辞意が報じられると、次の総理の座を目指す候補者たちがにわかに動きを活発化させた。

ポスト安倍の有力候補の一人である岸田文雄《きしだふみお》政調会長は、八月二八日午後、安倍総理が退陣を表明する前に新潟で講演し語った。

「ぜひ、総裁選挙には挑戦したい」

岸田は、講演を終えたのち、すぐに帰京した。夕方には永田町の派閥の事務所で自身が会長を務める岸田派（宏池会）の緊急会合を開催し、力を込めて語った。

「心を合わせて、これからの政局に臨んでいきたい」

前回の総裁選で安倍総理と一騎打ちして、敗れた石破茂《いしばしげる》元幹事長も、この日の夕方、自身が会長を務める石破派（水月会）の派閥幹部らを集めて、対応を協議した。

石破は、夜のBSの番組に出演して、立候補について語った。

「週明けには申し上げなければならない」

岸田や石破が動き始める中で、その動向に注目が集まっていたのが、七年八カ月の第二次安倍政権を官房長官として支え続けた菅義偉であった。

菅は、安倍総理が辞任の意向を表明した記者会見で、そのそばに座り、表情を変えずに前方を見据えていた。

菅義偉官房長官は、二階俊博幹事長と以前から良好な関係にあった。

二階と菅の二人には、もともと政治家としての共通点が多かった。二階は遠藤三郎《えんどうさぶろう》のもとで一一年、菅は小此木彦三郎《おこのぎひこさぶろう》のもとで同じく一一年と、共に長く国会議員の秘書経験があった。

また、二階は和歌山県議を八年、菅も横浜市議を八年という地方議員出身でもあり、世襲議《せしゅう》員の多い自民党においては、数少ない非世襲の党人派の実力者であった。

官邸を守る菅官房長官と、党を守る二階俊博幹事長とのコンビについて、菅官房長官が筆者に語った。

「二階幹事長には、党を全部まとめていただいていますから助かっています。法案も、党内に多少の異論があるものでも、最後には国会日程に合わせて、まとめてくれていますから、安心してお任せしています。安倍総理もいつも感謝されてます。幹事長の下で党にしっかりと法案を精査してもらっているのはありがたいことです。

やはり、政府の仕事は『法案を成立させてこそ評価される』というところがあります。何か新しい政策を推進するにしても、法律を作らないと進みません。例えば、令和元年の一〇月から携帯電話の事業者間で競争がしっかり働く新たな枠組みが実施されますが、これも電気通信事業法を国会で改正することができたからです」

二階幹事長との意思の疎通についても、菅は語る。

「折に触れてご指導いただいています。やはり政権を維持していくには、政府と政権与党との連携がうまくとれていないと難しい。また、政府で他党のことまで対応することはできません。全体として予算枠はどうするか、法案はどういう形に仕上げるかといったことも、お互いに意思疎通を図ることが大事だと思っています。二階幹事長は、一度約束したことはきっちりやっていただけます。お互いに気を遣わずとも阿吽《あうん》の呼吸とでも言いますか、政府としてやりたいことを丁寧にご説明すれば、必ずやっていただけます」

二階幹事長は、長い政治家生活の中で、複数の官邸を見てきている。その経験からしても、第一次安倍内閣と比較して、第二次安倍政権が、これほど長期政権になったのは、どこが優れていたのか。二階が語る。

「なにより人事面の采配はとてもうまくいっていたと感じている。例えば、人事で言うと、菅義偉官房長官については、安倍総理と最も気が合う人材を登用していると感じる。具体的には、総理に話した内容は、官房長官に言わなくても必ず伝わっている。また、官房長官に話を通せば、総理にも必ず伝達される。この両者の信頼関係が、内閣の運営において大きな効果を発揮した」

菅官房長官（当時）は、総理と官房長官の関係についてこう語る。

「総理とほとんど違いはないんです。総理の考え方はわかってますから。こういう感じでいかがですか、ということは必ず上げて、了解をもらってます」

二階も安倍総理と菅官房長官の関係について証言する。

「総理と官房長官の間に、ほとんど違いがないことが、安倍政権、自民党政権の安定のもとなんですよ。ですから、我々も安心していられます」

時に官邸と党がぎくしゃくしたりとすることがあるが、菅はこう明かした。

「幹事長に難しい問題をまとめていただいています。農業改革にしても、党内でいろんな意見が出てきます。私は幹事長が総務会長時代から、内緒でご相談させていただいて、まとめていただいたんです。軽減税率の問題も、これは表に出ていませんが、全部、幹事長にご相談させていただきました」

菅官房長官と二階幹事長は、官邸と党の要として密に連絡をとりあっていた。

二階幹事長は、月刊誌「文藝春秋」（二〇一九年五月号）で、ポスト安倍の有力候補として菅長官の名前を挙げて、次のように語っていた。

「菅さんは、この難しい時代に官房長官として立派にやっておられますね。それは素直に評価に値すると思っています。また、彼はそういうこと（ポスト安倍の総裁候補）にも十分耐えうる人材だと思っています」

「まんざらでもないなあ……」


二階の最側近の林幹雄幹事長代理によると、二階と菅は、折りに触れて会合を重ねていた。

二〇二〇年六月一七日。通常国会が会期末を迎えた。東京・六本木の中華飯店「富麗華」に菅義偉官房長官と二階俊博幹事長、林幹雄幹事長代理、森山裕《もりやまひろし》国会対策委員長の四人が顔をそろえた。通常国会閉幕の慰労を兼ねた夕食会である。

声をかけたのは、幹事長の二階だった。この時点で二階の中では「ポスト安倍は安倍」と決めている。だが、永田町では「安倍はもう出ない」「次はもうできない」といった風評がすでに飛び交っていた。

森山の見るところ、二階も心中では「次は誰にすべきか」という思案をし始めていた。

すると、林の携帯電話が震えた。

林は急いで部屋から外に出た。菅と二階、森山の三人が残される形になった。

菅の目を見ながら、二階がおもむろに口を開いた。

「ポスト安倍は、安倍総理だ。私はそう思う。まあ、あんたもそうだろう。しかし、総理本人が『どうしても出ない』と言い出すこともあるかもしれん。その時は、あんたも腹を決めんといかんな」

思わず森山は菅の表情を見やった。何も答えない。ただ、ほんの少しだけ表情が緩んだようにも感じられた。森山は思った。

〈これは、官房長官もまんざらではないんだな〉

食事を終え、菅が先に席を立った。見送ったあと、その場には二階と林、森山の三人が残された。二階が菅について、ぽつりと口にした。

「まんざらでもないなあ……」

自民党の幹事長として二階は「ポスト安倍」を安倍が断ったときにどうするかを考えていた。そのことを森山はまざまざと思い知らされた。

さらに七月一日にも、二階と菅は、政治評論家の鈴木棟一を交えて、都内の日本料理店で会談をした。この時、林は、最初と最後だけ顔を出したという。

さらに八月二〇日夜にも、二階と菅は、日本料理店で会食した。この時は政治評論家の篠原文也が同席した。

林によると、こうした食事の席で、たびたび菅の出馬が話題になっていたという。

またメディアを通じて、菅と二階がお互いについて言及する機会も増えていた。

二階は、八月三日の記者会見でも菅について言及していた。

「しっかりとやっておられる。大いに敬意を表している」

また八月七日のテレビ番組でも、語っている。

「菅さんも立派な指導者として活躍していただいている」

菅も、八月一八日のテレビ番組で二階について語っていた。

「私ども安倍政権はいろいろな仕事をしている。仕事ができるのは党をしっかり幹事長が主導していただいているからだ」

二階と菅は、九月に設立される「地方創生・未来都市推進議員連盟」の呼びかけ人にも名を連ねていた。この議連の動きも、二階と菅がポスト安倍を見据えて動き出したと考える声が永田町にはあった。

この議連には二階派の議員だけでなく、菅とも親しい森山裕国対委員長、細田派会長の細田博之元官房長官らも参加が予定されていた。

菅自身は、メディアに問われるたびに、ポスト安倍に名乗りをあげることについて否定し続けていた。

「まったく考えていない」

だが、その一方で、じょじょに菅待望論は高まりつつあった。

安倍総理自身も、二〇二〇年七月二一日発売の月刊誌「Ｈａｎａｄａ」のインタビューの中で菅に言及していた。

「有力な候補者の一人であることは間違いない」

四者会談――菅政権樹立の夜

自身の動向が注目を集める中、菅義偉官房長官は安倍総理が辞任した翌日の八月二九日から動きだしていた。総裁選に臨む菅が頼りにしたのが、政権を党側で支えた二階俊博幹事長と森山裕国会対策委員長だった。

この日の昼、森山から林幹雄幹事長代理に電話が入った。

「菅さんが、『二階さんに会いたい』と言っている」

一年前の党役員人事では、安倍は、一時的とはいえ、二階を交代させ、自らの後継含みで岸田文雄政調会長の起用を検討していた。

だが、菅は「党内がまとまらない」と二階の続投を進言していた。国会運営を担う国対委員長に森山の登用を進言したのも菅だった。

八月二九日は土曜日だった。森山裕は国対委員長の任にある。安倍の後継を選ぶ総裁選挙後、首班指名をおこなう特別国会はいつ開けるのか。この点は最大の関心事と言っていい。

特別国会の招集と総裁選の日程は不可分の関係にある。森山はさっそく、幹事長代理の林幹雄に連絡を取った。

「土曜日に恐縮ですけども、幹事長と幹事長代理、私の三人で日程感だけお話をしましょうかね」

林は、間髪入れず返事をした。

「それは大事なことだ」

その場でANAインターコンチネンタルホテル東京（赤坂）の三階にある寿司店「乾山」で午後六時に落ち合うことを決めた。

自民党の国会対策責任者三人で総裁選挙と特別国会の日程について話し合う。このこと自体には何の問題もない。だが、森山ならではの配慮がここで働いた。

〈官房長官に一言、言っておかんといかんな〉

官房長官にはいくつか役割がある。その中でも大きなものが諸々の案件について国会各会派（特に与党）との間で調整を果たすことだ。森山が菅に声をかけたのも、それを思いやってのことだった。

「ああ、それはご苦労さまですね」

電話に出た菅は、普段通りの対応だった。さらに一言付け加えた。

「できたら、そのあと、三人で会えないだろうか」

「三人」とは菅と林、森山のことである。国会の会期中はこの三人で毎週火曜日の朝に会合を開くのが恒例となっていた。

　森山は確認した。

「幹事長は、いいですか？」

「幹事長がいてくださると、それは一番ありがたい」

　菅には二階幹事長に差し迫った用件があるらしい。腰を落ち着けて話したいのだろう。

「それでしたら、議員宿舎が一番いいですよ。他のところではいろいろバレてしまうでしょうから」

「じゃ、そうしましょう」

「場所は、私が取りますから」

「じゃ、お願いします」

　菅との電話を終え、森山は衆議院赤坂宿舎の二階にある第四応接室を予約した。

　二八日の午後六時、「乾山」に二階、林、森山の三人が顔をそろえた。森山から話を切り出す。

「幹事長、これ、総裁選挙を党員の投票でやると、どんなに急いでも二カ月ぐらいかかるっちゅう話ですけど。今、二カ月の政治空白は無理ですよね」

　二階が答える。

「それはそうだなあ」

しばらく思案した上で、二階がふたたび口を開いた。

「各県連が持っている三票は、県連の自主性に任せて。投票するもよし、役員会で決めるもよし。で、どうだろうかなあ」

ここまで聞いて、森山には二階の腹がだいたい読めた。

乾山での会合が終わると、午後八時に赤坂の議員宿舎に向かわなければならない。菅と会うためだ。ちょうど土曜日だったこともあり、林と森山は車がなかった。二階の車の後ろに乗せてもらった。

安倍の電撃辞任表明の翌日ということで、議員宿舎には記者が大勢詰めかけていた。そこに二階の車が到着する。幹事長、幹事長代理、国対委員長の三人が後部座席に並んで座っていることは立ちどころに明らかになった。

和歌山県選出の二階、鹿児島県選出の森山は赤坂宿舎に住んでいる。だが、千葉県が地元の林の住まいは別にある。ちょっと勘のいい記者は「これは何かあるな」と気づいたようだ。

午後八時前には菅が議員宿舎に帰ってきた。応接室で四人がそろった。

二階が口火を切った。

「安倍さんがこういう状況で辞められるんだから、安倍政治を継承していくということになるだろう。官房長官をあんたが長くやってきたんだから、あんたがするのが一番いいよ」

二階による事実上の「安倍後継」への要請だった。森山は内心驚いた。だが、びっくりするのはこれからだった。

二階の言葉を受け、菅はすっと立ち上がった。

「よろしくお願いします」

そう言って深々と頭を下げたのだ。森山は思った。

〈官房長官は、すでに腹を決めておられたのか〉

二階派、「菅支持」の一番槍

菅が帰ったあと、応接室には二階と林、森山の三人が残った。

二階はその場で林に指示をした。派閥の会員全員を菅支持でまとめろというのだ。

「全員に署名をしてもらって、それを集めろ。『できない』と言う人間には、派を出てもらえ」

世に言う「連判状」である。二階の腹もすでに決まっていた。

「わかりました。それじゃあ」

林はそう言うなり、携帯電話を取り出した。武田に六回生以下の取りまとめを指示した。

武田は、数十分で「二階会長一任」を取りまとめた。総裁選での菅擁立に向けて二階派が先手を打つ準備はこのとき始まっていた。

森山は石原派の所属である。事務総長を務めている。二階に断りを入れた。

「幹事長、まあ、私のところは少ない人間ですけど。石原さんが岸田さんと非常に親しいもんですから。石原さんと弟さん（石原宏高《いしはらひろたか》）は、ひょっとしたら、しょうがないかもしれません」

二階は黙って聞いていた。

「しかし、あとは私が責任を持ってまとめますから」

ここまでの流れを目にした以上、森山も腹を括った。派閥の領袖である石原伸晃《のぶてる》兄弟は別として、他は一枚岩で菅を支持する。そう決めたのだ。二階も満足そうだった。

「じゃあ、まあ、みんな、頑張ろうな」

来るべき総裁選での連携を誓い、その晩はお開きとなった。

翌日、森山はさっそく、派閥会長の石原伸晃と面会した。総裁選への対応を協議しなければならない。

「どうしますか？」

昨晩のことは置いて、石原に尋ねた。

「もう、菅さんでいいんじゃないか」

予想外の言葉が返ってきた。森山は慌てて確認する。

「そら、石原さん、岸田さんとの友情関係は大丈夫ですか」

「いや、それは岸田さんには『細田派が全部まとまって応援してくれるんだったら、うちもまとめます』ということになってるけども。細田派が未だに決めてないから。これはもうしょうがない。いいです」

石原宏高も菅支持でいいという。そういう経緯であれば、森山にも異存はない。

「それじゃ、明日、うちも集まりますかね」

翌晩、石原派は派閥の総会を開いた。

「じゃあ、この際、菅さんでいこう」

森山が音頭を取る形で派閥の結束が確認された。全員が一致団結して菅総裁実現に努めることになった。

森山の提案で石原派も「連判状」を作成することにした。二階派を真似たのだ。

会長代行の野田毅は総裁選の選挙管理委員長である。

「野田さんも署名していいのか」

そんな声が上がり、ひとしきり議論になった。だが、連判状は「総裁選に出てくれ」と出馬を促すためのものだ。

「そりゃ、問題ないだろう」

と結論が出た。野田は真っ先に署名した。

二階派では、これまで総裁選のたびに連判状を作ってきた。石原派では、今回が初めてである。全員が署名し終わったところで、森山が坂本哲志に命じた。

「二階派は一〇時に連判状を持って行くことになっている。うちは一〇時半に行け」

二階派より先ではいくら何でも失礼に当たる。翌日、一〇時に二階派、一〇時半に石原派の連判状がそれぞれ党本部に届いた。

連判状をすぐに用意させた二階にはベテランならではの読みがあった。細田派、麻生派、竹下派にはそれぞれお家の事情があり、総裁選とはいえ一致結束した動きがむずかしい。連判状を出せる状況ではなかった。二階はそれを踏まえた上で自派に連判状を出させたのだ。

二階派と石原派の動きは、主流三派（細田派、麻生派、竹下派）を刺激する結果となった。三派は共同で九月三日、記者会見を開いた。この場で「菅支持」を打ち出したのだ。

二階派は会見に加わることを拒まれた。会長代行の河村建夫が気を遣って麻生に電話をかけた。麻生は木で鼻を括ったような対応である。

「いやいや、あんたらはもう推薦したからいいけれども。我々はまだ推薦してないから。推薦をするということを決めている会議だ」

これを聞き、二階派と石原派では「まあ、それはしょうがないな」ということで落ち着いた。

連判状提出後、二階は総裁選関連で表に出ることは一切なかった。公正であるべき幹事長としての立場を慮ってのことだ。公式な会議や水面下の話し合いも含め、関与しなかった。森山は思った。

〈さすが二階先生。ご立派な態度だ〉

菅総理誕生にいち早く動いた二階が、菅を支持した理由について語る。

「一言で言えば、誠実、信頼がおける人です。菅さんは官房長官として七年八カ月総理を支えてこられましたからね。誠実であることは人間において大事なことですが、同時に政治においても、とても大事なことです。やはり、信頼がおける人間じゃないと大きな仕事はできません。菅さんは、総理になられましたが、さらに国際的に羽ばたいていかれることを期待しています」

二階が菅について、さらに語る。

「人によっては、『あの時、ああ言ったけれど、実際には事情があって違ったんですよ』なんて言い訳を言ってくる人もいますが、菅さんにはそれがまったくない。『自分が、自分が』っていう人も多いけれど、菅さんもそういうふうに表に出るタイプじゃないから、信頼できます。駆け引きをすることもなく、真一文字に進んでいくタイプなんです。そこが信頼できます」

二階が語る。

「私は出馬の話を聞いて、『全力投球で我々も支援します』と約束しました。願望としては圧倒的に勝利したいと思いましたが、選挙ですから、やってみないともちろんわかりません。ですが、予想していた以上の見事な結果でしたね。多くの人が支持を表明してくれて、見事にスムーズに進みましたが、菅さんご本人の日頃の人望でしょうね」

二階の「政局勘」的中

菅からの応援要請を受けてから、二階の動きは素早かった。

八月三〇日の日曜日午後、二階派（志帥会）の幹部が自民党本部に集まり、総裁選の対応を話し合った。

会長代行を務める河村建夫元官房長官は会議後、記者団に菅を支持することを表明した。

「総理の残り任期についての責任があるのではないか。政権の懸案事項などは、菅長官がすべて承知している。一つの流れとして責任がある」

河村が二階派の菅支持を表明した時点で、昨晩の動きを嗅ぎつけたマスコミが「菅氏、総裁選に立候補へ」との速報を流し始めていた。

この日の夜、菅は周囲に意欲を口にした。

「俺がやらざるを得ない。これで出なかったら、逃げたと言われちゃうよ」

八月三一日の月曜日、菅を支持する動きは、党内で加速度的に広がっていった。

最初に動いたのは、一九九六年一〇月の衆院選で初当選した菅の同期生だった。夕方には、菅に近い無派閥の議員グループ「ガネーシャの会」のメンバー一四人も事務所を訪れ、菅に立候補を要請した。

要請を受けて、菅は語った。

「コロナと経済を両立させていかなければならない。今後、前向きに検討していく」

この日は、菅自身も、細田派の細田博之元幹事長、参院自民党や竹下派に強い影響力を持つ青木幹雄元参院会長と会談し、立候補を表明する考えを伝えた。

二階派以外の派閥も、菅支持に続々と傾き始めていた。

第二派閥の麻生派も、菅支持の方針を決めた。会長の麻生太郎副総理は、立候補を模索していた河野太郎防衛大臣と会い、一本化に協力するように求めた。

麻生派と並ぶ第二派閥の竹下派にも、菅を推す声は高まっていた。

細田派も、この日夜に幹部会合を開き、菅支持の方針を決めた。下村博文《しもむらはくぶん》選挙対策委員長と稲田朋美《いなだともみ》幹事長代行は立候補を見送ることが決まった。

二階の右腕の林幹雄幹事長代理によると、麻生派が菅の支持を決めた時点で、菅の勝利を確信したという。林が語る。

「麻生派が支持を決めた時点で勝ったと思ったけれど、あんなに一斉に週が明けてすぐに各派が菅支持に流れてくるとは思わなかった。一気に菅支持の大きな流れができたからね。やはり、二階幹事長は、大事な局面でのタイミング、政治勘は凄いものを持っている。タイミングだけでなくて、そこからのスピードも早いからね」

菅支持の大きな流れができる中で、苦しい状況に立たされたのが、岸田と石破の二人だった。

岸田は、八月三一日午前の官邸で、安倍総理と向き合い、支援を求めた。

「総裁選に向けた準備を進めています。お力添えをお願いします」

だが、安倍の言葉は素っ気なかった。

「自分の立場からは、個別の名前を出すことは控えている」

岸田は厳しい表情で官邸を後にした。

岸田はこの前日の三〇日、麻生とも会談し、「総理の意向がはっきりしていないから決められない」と言われ、好感触を得られなかった。

岸田の戦略は、安倍の出身派閥の細田派や、麻生派の支援を早々に取り付けて、自身の率いる岸田派と合わせて、議員票で他の候補を圧倒するのが狙いだった。

だが、菅の立候補と二階派がつくった流れによって、その目論見はすぐに崩れていた。

石破にとっても菅の参戦は誤算だった。

石破派は所属議員が一九人と少なく、他派の協力を頼りにせざるをえなかった。

石破は、派閥のパーティーの講師を頼んでいた二階と、無派閥の議員に影響力のある菅官房長官の協力をあてにしていた。だが、菅が突如出馬し、総裁候補となったことで、議員票を拡大するメドが立たなくなった。

幕が開く前に決まった総裁選

九月一日午前、自民党の総務会で、総裁選については、投票権を国会議員と都道府県連の代表者に限る「簡易型」とすることが決まった。

総裁選の実施方針が決まる中、この日もさらなる動きがあった。

九月一日、菅は麻生と会談し、立候補の意向を伝えた。

麻生は、この会談で菅に訊いた。

「いつから、総理になろうと思ったんだ」

菅は、自身に近い若手議員を集め、石破と岸田のどちらが安倍の後継にふさわしいか聞いたところ、大半が石破の名を挙げたことを説明し、さらに語った。

「出なければいけないと決意しました」

この日午後、河野太郎防衛大臣は、総裁選に立候補しない考えを表明した。

「仲間といろいろ相談をして今回は出馬しないことにした」

河野の不出馬により、総裁選は、この日に出馬を正式に表明した石破と岸田の二人と、二日に出馬表明を予定している菅による三つ巴の構図が確定した。

また、石原派も菅の支持を決定し、さらに竹下派も、翌二日の派閥の総会で菅の支持を正式に決定することが決まった。

この二派の決定によって、党内七派閥のうち、二階派、細田派、麻生派、竹下派、石原派の五派閥が菅を支持することが決まり、菅が新総裁に選ばれる流れはさらに強まっていく。

九月二日午前、二階派の会長代行を務める河村元官房長官や事務局長の平沢勝栄らは、菅の議員会館の事務所を訪れて、菅の総裁選への立候補を要請する連判状を手渡した。

林によると、この連判状は週が明けた八月三一日から二階派の全議員が署名し、作ったものだという。今回は、安倍の再選、三選時には署名をしなかった伊吹文明元衆院議長も真っ先に署名したという。

連判状を受け取った菅は、語った。

「大変ありがたい。天下国家のために全力を尽くして頑張る」

この日夕、菅は、青系のスーツとネクタイを身につけて、総裁選出馬表明の記者会見に姿を見せた。七年八カ月の間、一日二回、政権のスポークスマンとして官邸で会見をこなしてきた菅だが、この日は緊張した面持ちで、目頭からコップの水を口にふくんだ。

菅は、安倍政権の継承を訴えた。

「第二次安倍内閣が発足して以来、七年と八カ月にわたり、内閣官房長官として、総理のもとで日本経済の再生、外交安全保障の再構築、全世代型社会保障制度の実現など、この国の未来を左右する重要な課題に取り組んでまいりました。

今年に入ってからは、新型コロナウイルス感染症の拡大という、かつてない事態に直面する中で、その感染拡大と医療崩壊を防ぎ、同時に社会経済活動を再開していくという課題に、真正面から取り組んでまいりました。

こうした中で陣頭指揮を取られていた安倍総理が道半ばで退かれることになりました。総理の無念な思いを推察をいたしております。しかし、この国難にあって、政治の空白は決して許されません。一刻の猶予もありません。この危機を乗り越え、すべての国民の皆さんが安心できる生活を一日も早く取り戻すことができるために、一人の政治家として、安倍政権を支えた者として、今なすべきことは何か熟慮をしてまいりました。

そして、私は、自由民主党総裁選挙に立候補する決意をいたしました。

安倍総裁が、全身全霊を傾けて進めてこられた取り組みをしっかり継承し、さらに前に進めるために私の持てる力をすべて尽くす覚悟であります」

菅は、自らの生い立ちについても語り、さらに、縦割り行政の打破や、安倍政権の継承などを訴えた。

一方で、菅陣営では、派閥間のつばぜり合いも始まっていた。

この日の夕方、細田派の細田博之、麻生派の麻生太郎、竹下派の竹下亘の三人の各派会長は、合同記者会見を開き、菅支持を表明した。

三派領袖が並ぶ異例の会見は、麻生の発案によるもので、他派閥に先駆けて菅擁立の流れをつくった二階派に対する巻き返しであった。菅への支持表明が遅れた三派は、新政権に自派の影響力を少しでも残そうと必死であった。

大幹事長

二階俊博幹事長は、自民党総裁選の最中の二〇二〇年九月八日に、政治の師と仰ぐ田中角栄のそれまでの幹事長としての最長通算在職日数一四九七日を塗り替え、歴代一位となった。

二階は、二〇一二年一二月に第二次安倍政権が発足して以来、衆議院予算委員長、総務会長、幹事長と要職を歴任しながら、長期政権を支え続けていた。

二階は、二〇一六年八月三日に自転車事故で入院した谷垣禎一《たにがきさだかず》前幹事長の後任として、幹事長に就任した。幹事長としては、歴代最年長の七七歳五カ月であった。

二〇一七年には総裁任期をそれまでの連続二期六年から連続三期九年へと延ばす党則改正を

主導し、結果的に、安倍総理の総裁三選と連続最長政権への道を開いた。

幹事長としては、二〇一七年一〇月の衆院選、二〇一九年七月の参院選の二つの大型国政選挙を勝利に導いた。さらに苦戦が予想されていた山梨県知事選挙や新潟県知事選挙でも、与党系の候補者を勝利させていた。

二階は、選挙だけでなく、外交でも安倍政権を支えている。独自のパイプを生かして中国の習近平国家主席との会談を実現し、ここ数年懸念となっていた日中関係の改善も大きく後押しした。

こうした二階の働きは、安倍総理から「自民党において最も政治的技術を持った方だ」と評価されるほどであった。

二階は、二〇二〇年四月一四日には、新型コロナ対策の現金給付を巡って、「一律一〇万円給付」の必要性に言及し、従来の「一定の所得制限のもとに三〇万円給付」からの政策転換を促し、存在感を示した。

二階の発言は、もともと一律給付に積極的であった公明党をも動かし、結果的に異例の補正予算案の組み替えがおこなわれた。

世論に敏感に反応した二階の動きには、公明党はもちろん、一律給付派が多かった自民党内からも称賛する声があがった。

二〇二〇年年九月に内閣改造と党役員人事が迫る中で、二階の幹事長続投を予測する声は多かった。

「二階幹事長の在任期間が長いと言っても、では次に誰がやるかといえば、名前が挙がる人はいない」

そういう声が大きいからだ。

二階は、歴代で最長の幹事長となった心境を語った。

「長ければいいってものではありませんから。先人の苦労、国民の頑張りを受け止めてこそ、政治が生きる。大先輩を差し置いて、そういうことになろうとは思ってもみなかったし、考えてもおりませんでした。そういう風に言われても、『ああ、そうですか』というよりしょうがないです」

田中角栄は、政治家として一番やりがいのあるポジションについて、総理大臣ではなく、幹事長だと語っている。

二階が語る。

「そうでしょうかね。ともかく一日一日、今日も一日終わった、明日も頑張ろうという心境です」

二階が幹事長としての心がけについて語る。

「幹事長の一番大事な仕事は、選挙に勝つこと。それから、選挙にもうひと頑張りしていただきたい人を奮起させること。選挙は、詰まるところ自分なんですよ。風がどうだとか、評論家の方々は理屈をつけていろんなことを仰る、それも参考にしなければいけないが、『自分』が最も大事。我々の現場は、毎日毎日が試練の中にある。朝起きてから寝るまで、すべての時間が選挙活動です。地元において、隣近所みな見ていてくれる、それに応えていく。毎日が真剣勝負。それが選挙。自分に有利な風なんて、どこにも吹いていない。それよりも、逆風に立ち向かっていくという気概がなければ、選挙をやっている意味がない」

近年は、小選挙区制の影響もあり、風の恩恵を受けて当選した議員たちのひ弱さが問題となることが多い。二階の眼は厳しい。

「少なくとも国会議員でしょ。国の命運を担おうとしている人が、自分の選挙で風だよりなんて、腑抜《ふぬ》けたことはとおりません」

菅総裁、菅内閣発足

九月一四日、自民党総裁選の投開票がグランドプリンスホテル新高輪でおこなわれた。

国会議員票、各三票の都道府県連票を合計した開票の結果、菅義偉が議員票二八八票、県連票八九票で合計三七七票、岸田が議員票七九票、県連票一〇票で合計八九票、石破が議員票二六票、県連票四二票で合計六八票であった。菅は初回の投票で過半数を得て、第二六代総裁に選ばれた。

菅は、都道府県連票でも、トップの八九票で、全体の六三％を獲得した。過去に挑戦した総裁選において地方票で強さを見せた石破茂元幹事長は都道府県連票の二九％となる四二票と伸び悩んだ。議員票との合計では二位につけた岸田文雄政調会長は、さらに伸び悩み、都道府県連票の七％にあたる一〇票だった。

今回の総裁選は、地方票が通常より少ない簡易型でおこなわれたが、当初から議員票で優位につけた菅がその勢いのまま、都道府県連票でも優勢を保った。

地元出身の菅に三票を入れることを総務会が決めた秋田県を除く、四六都道府県が予備選を実施したが、菅は、そのうち三八都道府県の予備選でトップの票を集めた。

また、もっとも多く得票した候補者に三票すべてを投じる「総取り方式」を採用した東京、神奈川、和歌山、山口など八都道県のすべてで勝利を収めた。

菅は、得票率に応じて各候補者に割り振る「ドント方式」の地域でも順調に票を積み上げた。

九月一五日、菅義偉新総裁は、党役員人事に着手し、自民党の新執行部が決まった。

総裁選で菅支持の流れをつくった二階は、幹事長に再任した。政調会長には、細田派の下村博文が就任、総務会長には、麻生派の佐藤勉《さとうつとむ》が就任、選挙対策委員長には、竹下派の山口泰明《やまぐちたいめい》が就任した。

二階以外の三人は、いずれも菅の同期生で、菅を支持した派閥から選ばれた。

また、二階とともに、菅支持の流れをつくった森山裕国会対策委員長の再任も決まった。

九月一六日、国会で首班指名がおこなわれ、菅義偉内閣が発足した。

安倍政権の継承を意識し、主要閣僚は実績と安定を重視する守りの布陣となった。

麻生太郎副総理兼財務大臣、茂木敏充《もてぎとしみつ》外務大臣、梶山弘志《かじやまひろし》経済産業大臣、小泉進次郎《こいずみしんじろう》環境大臣、萩生田光一《はぎうだこういち》文部科学大臣、西村康稔《にしむらやすとし》経済再生担当大臣、赤羽一嘉《あかばかずよし》国土交通大臣、橋本聖《はしもとせい》子《こ》五輪担当大臣の八人が再任された。

さらに官房長官に就任した加藤勝信《かとうかつのぶ》や、行革担当大臣に就任した河野太郎、総務大臣に就任した武田良太など、横滑りも含めると、閣内への留任は一一人に上った。

再入閣は、上川陽子《かみかわようこ》法務大臣、田村憲久《たむらのりひさ》厚生労働大臣、小此木八郎国家公安委員長、平井卓《ひらいたく》也《や》デジタル改革担当大臣の四人だった。

初入閣は、岸信夫《きしのぶお》防衛大臣、野上浩太郎《のがみこうたろう》農水大臣、平沢勝栄復興大臣、井上信治《いのうえしんじ》万博担当大臣、坂本哲志一億総活躍担当大臣の五人だった。

安倍前総理が語る「国士・菅義偉」

安倍晋三は、総理時代、筆者に菅義偉官房長官について次のように語っている。

「第二次安倍政権には、第一次安倍政権で政権運営を経験した人も多い。成功も失敗も、ともに経験しています。私自身も含めて、失敗から多くのことを学んでいます。菅義偉官房長官は、第一次安倍内閣で総務大臣として支えてくれていました。菅官房長官は、アンテナを広く張り、何か問題があれば、事前にそれを摘んでおくような役割を果たしてくれています。彼は、非常に闘将タイプの人間ですから、平時にも強いですが、乱世にも強いというタイプです」

二〇二〇年九月一八日、筆者は、退任直後の安倍晋三前総理にインタビューに応じてもらい、菅義偉総理について語ってもらった。

「菅さんとは、私が二期生で、菅さんが一期生の時に、何かの会合で一緒になったのが最初です。当時、亡くなった中川昭一《なかがわしょういち》さんを中心に『日本の前途と歴史教育を考える議員の会』をやっていたのですが、そのなかで菅さんが『教科書問題というのは大きな問題です。私も応援したい』とおっしゃっていましたね。私の記憶には強く残っています。

その後、北朝鮮の船舶の入港を禁止する『特定船舶入港禁止法』を制定するときにも、頑張ってくれました。当時から、非常に行動力のある人で、私は、『国士だな』と思ったんです。歴史教科書の問題も拉致問題も、地元の選挙には関わりのない話ですが、本気で取り組んでましたから。

それ以来ずっと同志で、第一次政権の後も私に『もう一度安倍さんにやってもらう』と言い続けてくれました。誰もそんなことを言っていない時からです。

そして二〇一二年の八月一五日に総裁選への立候補をどうするか考えている時にも『絶対出るべき』と背中を押してくれました。

官房長官という本当に大変な職務を担い、政権をずっと支えてくれました。

森喜朗元総理がよく『滅私奉公』という言葉を使いますが、まさにその精神で、政権と日本に尽くしてくれました」

安倍の妻の昭恵《あきえ》も、菅のことをよく評価するという。

「私の妻も、菅さんの仕事ぶりを見て、『あんなに一生懸命に仕事をしているんだから、あなたはもっと菅さんに感謝しなければダメよ』なんてよく言われます」

今回の総裁選で、安倍は、表立って活動したわけではないが、最終的に菅を推したという。

安倍が語る。

「任期途中での辞任という形になりましたので、菅さんには安心して任せられる、という気持ちがありました。岸田さんも、外務大臣時代の仕事ぶりも評価していますので、これからもいろんな場面で活躍していくと思っています。いろんな選択肢があるのが、自民党のよさですから」

〝タイミングの魔術師〟

安倍は、七年八カ月に及んだ第二次政権や、長期政権を支えた二階俊博幹事長の功績について語った。

二〇一六年七月一六日、当時、幹事長だった谷垣禎一が自転車事故で、頸髄《けいつい》を損傷したため入院する。このとき安倍総理は、職務困難を理由に辞任した谷垣の後任に、総務会長だった二階を指名した。以降、二階は幹事長として一貫して第二次安倍政権を支え続けた。

安倍がこのときの事情について語る。

「やっぱり、与党が安定していなければ、政策を進めることはできない。政権の力の源泉は、党の安定に尽きます。かつての自民党には、河野《こうの》一郎《いちろう》のような実力者と言われた人たちがいましたが、そういう実力者として、私の頭に浮かんだのが、二階俊博さんだったんです」

安倍は、二階を幹事長に起用した際、二階について「自民党で最も政治的技術を持っている。まさに政治のプロ」と評している。

安倍がさらに二階の幹事長起用について語る。

「政治巧者とも言いましたが、二階さんには第一次安倍政権で国会対策委員長を務めていただいた時も、本当にしっかり仕事をしてもらっていました。そういう面では、いろいろと信頼していましたので、この人しかいないと幹事長にお願いをしました。前任の谷垣さんは、温厚な性格もあって、自民党全体を包み込むように党を掌握していました。二階さんは、長年蓄積された政治に関する知識と技術で党を掌握してくれました」

二〇一二年一二月の衆院選で勝利し、政権を奪還して以来、安倍総裁率いる自民党は、合計六度の国政選挙に勝利をおさめた。

安倍が選挙について語る。

「やはり政権の強さは、選挙で勝つことで生まれてきます。政権奪還の時の衆院選を含めて、衆参でそれぞれ三回ずつ国政選挙を乗り切りましたが、特に参院選というのは難しかったですね。衆院選の反動や、有権者のバランス感覚など、さまざまな要素が反映されやすいので、毎回、本当に薄氷を踏む思いで戦っていました。二階さんにも選挙ではとてもお世話になりました。候補者調整などで、特に力を発揮してもらいましたよ」

二〇一六年八月三日に幹事長に就任した二階は、自民党の党則改正も主導し、二〇一七年三月の自民党大会で総裁任期のそれまでの「二期六年」から、「三期九年」への変更を主導している。

安倍がそのことについても語る。

「党則の改正は、高村正彦《こうむらまさひこ》副総裁が本部長を務め、茂木敏充政調会長が本部長代理を務めた自民党の党・政治制度改革実行本部で党内議論を進めたのですが、党内には党則改正に反対の論陣を張っている人たちもいました。そのあたりを、やっぱり二階さんの懐の深さで政治的におさめていただきました。

二階さんは政治的な力もありますが、政治的な発言をするタイミングが抜群なんです。もちろん誰が発しても、同じ効果が生まれるわけではありません。二階さんだからこそ効果を発揮できる発言を、最良のタイミングで繰り出します。やはり秘書時代からの長い政界での経験で培った勘が抜群なんでしょうね。私は、二階さんを〝タイミングの魔術師〟だと思っています」

二階は、遠藤三郎の秘書になって以来、六〇年近く政界にいる。野党経験も長いため、公明党をはじめとする他党とのパイプも誰よりも太い。さらに二階は、一度できた相手との縁を自分の方から切るということは一切せずに、あらゆる人間関係を大事にする。

安倍も、総理在任中、さまざまな場面で二階に支えられたという。

「例えば、予算委員会などで政府が追及されて苦境に立っていても、二階さんは、いつもどっしりとしています。会うと『こんな問題は微々たる問題ですから、党は任せておいてください』と言ってくれます。『党も大変ですよ』なんて言ってくることは一度もありませんでした」

二階は、中国との外交も、積極的におこなっている。安倍が二階の外交について語る。

「外交は、お互いの間口を広くしておくことが必要ですから。中国は隣国であり、体制も異なることから、中国との間にはさまざまな問題があります。中には日本として、きっちり筋を通さなければならないことや、国益や主権に直結することもあります。しかし、そういう問題を解決するためにも、話し合わなければなりませんから、そういう窓口を中国との間でも、常に開いておこうというのが、二階さんの考えです。時には、二階さんのルートで、先方にサインを送ったりすることはできますから。二階さんもそのあたりを心得てやっておられるんだと思います。二階さんは、長きにわたって中国との間でパイプを培っていますから、先方にも信頼されています」

第六章　総務大臣就任

総務大臣就任

二〇二〇年九月一六日、国会で首班指名がおこなわれ、菅義偉内閣が発足した。

組閣前日の九月一五日、二〇一九年九月一一日に発足した第四次安倍第二次改造内閣で、国家公安委員長兼防災担当大臣として初入閣を果たした武田良太は、小泉進次郎《しんじろう》や、若手議員たちと新橋の寿司屋に集まっていた。

会合の話題は、もっぱら翌日の組閣についてだった。

話がはずむ中で、小泉進次郎の携帯電話が鳴った。進次郎が電話に出てなにやら真剣な表情で話をしている。

武田は進次郎の表情を見て、ピンときた。

〈おそらく次期総理となる菅さんからの電話だろうな〉

小泉進次郎も、武田と同様に、第四次安倍第二次改造内閣で、環境大臣として初入閣を果たしていた。

武田は、電話を終えた進次郎に訊いた。

「おめでとう！　今の電話の相手、菅さんからだろう？　何て言われたんだ？」

「環境大臣の留任で頼みます、ということでした」

その話を聞き、同席していた議員たちは大いに盛り上がり、乾杯して進次郎の環境大臣留任を祝った。

すると、次に武田の携帯電話が鳴った。武田が電話に出てみると、菅の声が聞こえる。

「菅ですが……」

武田は慌てて返事をした。武田の神妙な様子に他の議員たちも静かになった。

「はい」

「総務をお願いします」

「総務」との言葉を耳にし、一瞬、武田は大臣をお役御免となり、自民党の役職の一つである総務になることを要請されているのかと思った。自民党総務会の構成メンバーである党総務には、当選回数を重ねたベテラン議員が就任することが多い。

しかし、それは武田の勘違いであった。

菅が続けた。

「総務省は担当する分野が広いですが、いろいろ勉強になるから頑張ってください。よろしくお願いします」

武田は、党総務ではなく、総務大臣への就任を要請されていることに気づいた。

「はい」

武田は、菅の要請に応じながら、自らを奮い立たせた。

〈菅政権の看板政策である携帯電話料金の値下げを担当する要職だ。心して取り組まなくては〉

と同時に、同席した議員たちは武田の総務大臣就任の報せを聞いて、さらに大いに盛り上がったという。

総務省は、二〇〇一年の中央省庁再編により、自治省、郵政省、総務庁を統合して設置された巨大官庁で、所管するテーマも、地方自治、通信、郵便、消防など多岐にわたる。

菅総理自身も、第一次安倍内閣時代に総務大臣を一年間務めていた。

武田の総務大臣への起用は、新政権における目玉人事とも言えた。

二階俊博幹事長は思った。

〈菅総理も、武田さんのことを認めてくれている〉

直前の第四次安倍第二次改造内閣で、武田は国家公安委員長、防災担当大臣として初入閣を果たした。そこから横滑りしての総務大臣就任である。二階幹事長も納得の武田にふさわしいポストだった。

〈彼はしっかりした考えを持っているし、仲間の面倒見もよく、将来伸びていく人だ。大きな可能性を持っている〉

二階派の林幹雄によると、菅義偉は、安倍政権時に国家公安委員長や防災担当大臣などを務める姿を見て、武田を「この男はできる」と評価したのだろう。だからこそ、菅政権下で、自らの牙城《がじょう》である総務省を所管する総務大臣に抜擢したのだ。

「二階派が武田を押し込んだ」という話が流布されているが、そうではない。菅総理自身が判断して武田を抜擢したのである。携帯電話料金の値下げ、NHKの受信料制度など総務省がらみの問題は、菅総理の長年のテーマでもある。それを実践するとなると、やはり「武田がいい」ということになったのだろう。

実際、総務大臣となった武田良太は、国会においても非常に明確でしっかりした答弁をおこなっている。

二〇二〇年九月、菅義偉政権が誕生した際には、自民党出身の総理・総裁としては久々の非世襲の総理大臣ということもあり、秘書からの叩き上げである菅総理の経歴が話題になった。

だが、武田を高校時代から知るA氏は思う。

〈菅総理も、秘書から横浜市議、そして国会議員と苦労しながら這い上がっていったと言われているが、武田良太の苦労も並大抵のものではないだろう〉

九月一六日午後、加藤勝信官房長官が菅新内閣の閣僚名簿を発表した。

武田良太総務大臣と平沢勝栄復興大臣の名前が読み上げられると、二階派の派閥事務所では、テレビを見ていた所属議員から歓声が起こった。その模様は、まるで祝勝会のような雰囲気であった。

二階派は四七人の第四派閥だが、二階の幹事長続投に続いて、武田の総務大臣への横滑り、さらに入閣待機組だった平沢の念願の初入閣も勝ち取った。

領袖の二階は、初入閣した平沢勝栄と横滑りで総務大臣になった武田良太について語った。

「平沢さんも優秀な人ですからね。本人も地元の皆さんも喜んでいるでしょう。武田大臣にも期待しています。新内閣でも新たな実績を残すと思いますよ。しっかりやっていると、誰かが見ていますからね」

名前を読み上げられた武田は、平沢と共に官邸に向かい、総務大臣として呼び込みを受けた。

菅新総理からも声を掛けられた。

「力いっぱい頑張ってくれ！」

古賀誠元自民党幹事長によると、中央政界でも、武田はその実力を認められている。武田は安倍内閣の国家公安委員長兼防災担当大臣に引き続き、菅内閣でも総務大臣として入閣した。

それまで二階派の議員で、二度続けて大臣に就任することはなかった。

しかも、菅政権での入閣は、派閥の領袖の二階俊博が推薦する前に、菅総理自身が任命したのだという。

これに対して、領袖自身が「おれが推薦したのではない」「他の議員との兼ね合いもあるから」

と入閣を拒否することもある。だが、二階はそのようなことはしない。むしろ、武田には強い期待を寄せている。

コロナが沈静化しないと、解散は打てない

発足直後の菅内閣は、世論からも高い支持を得た。朝日新聞の世論調査では支持率が六五％、不支持率が一三％であった。永田町では、与党を中心に支持率を背景に「解散総選挙を急ぐべき」という声まであがり始めていた。

菅内閣を支える二階俊博幹事長は、解散総選挙について語った。

「解散は、総理の御決断に負うところが多いですが、幹事長の立場から言うと、いつ解散があっても、たとえ明日解散があっても、すぐに戦えるだけの準備はしておかないといけません。そういう意味ではいつ解散があっても、候補者の調整も多少はありますが、準備万端、整えています」

二階の最側近である林幹雄幹事長代理も、衆院選の見通しについて語った。

「コロナが沈静化しないと、解散は打てないんじゃないかと思う。私の持論は二〇二一年九月の総裁選を本格的におこない、経済対策の論戦をして、全国で党員投票をおこなう。そして、他の候補者も閣内に入れて、挙党一致内閣で臨時国会の冒頭に解散をしてもいいと思う。そう

すれば、追い込まれ解散にならない。無理に解散を急がなくても、菅政権の実績を作ることはできると思う」

政権の肝煎り政策

総務大臣に就任した武田は、菅総理が力を入れる携帯電話料金の引き下げを担当することになった。

携帯電話料金の引き下げは、菅総理の肝煎りの政策だ。菅は、第二次安倍政権の官房長官時代から熱心にこの問題に取り組んでいた。

二〇一九年五月には、携帯電話会社にいっそうの競争を促す改正電気通信事業法を成立させている。

その年の一〇月には、二年契約の途中で解約した際の違約金を九五〇〇円から一〇〇〇円に引き下げ、端末代と通信料を分離して比較しやすくするなどの新ルールもスタートした。

さらに、二〇二〇年四月には、楽天が携帯電話事業に第四の事業者として本格参入した。

だが、家計の携帯料金の支出でみると、変化は一定程度にとどまっていた。

シェア一位の携帯会社の料金を国際比較した総務省の調査では、英仏独の主要都市では二〇一九年度までの五年間で料金が七割から八割ほど下がっているが、この間、日本の値下げ幅は三割弱にとどまっている。

菅総理は自民党総裁選でも、携帯電話料金の値下げを訴えている。

「大手三社は二〇％もの営業利益を上げ続けている」

限られた公共の電波を利用する携帯電話事業は参入障壁が高く、楽天が新規参入したものの、ＮＴＴドコモとＫＤＤＩ、ソフトバンクの三社で市場シェアの九割を占める寡占状態が続いていた。

総務大臣に就任した武田は、菅総理の意向を受けて、九月一七日午前の記者会見で、携帯電話料金について引き下げを目指す考えを表明した。

「見直す必要がある。一刻も早く結論を出したい。携帯電話はぜいたく品ではなく、国民の命に関わる重要な通信手段だ。安く利便性が高く、納得感のある料金体系が求められている」

九月一八日午前一〇時半から、武田は、官邸で菅総理と三〇分近く面会し、携帯料金の引き下げを実現するように改めて指示を受けた。

総理との面会後、武田は記者団に対して語った。

「チームを組んで具体的に一歩一歩進めて、しっかりとした結論を出してくれと指示があった」

武田は、値下げの実現可能性について、はっきりと明言した。

「一〇〇％やる。できるできないじゃなく、やるかやらないかの話だ。一割とかいう程度だったら、改革にならない。諸外国は競争市場原理を導入して七〇％下げている」

武田には強い思いがあった。

〈家計の負担を少なくして、コロナ禍で苦しむ各家庭の可処分所得を上げることによって、疲弊している地域経済を底上げしなければいけない〉

武田は語る。

「そもそも携帯電話などの通信事業は、国民の財産である公共の電波を使っているのだから、純然たる民間の商売とは違う。こういう時にこそ、国民に還元するのが、大手三社の責務だ」

武田は値下げに向けて、明確なテーマを掲げた。

記者の中には、「本当にできますか?」と半信半疑で質問してくる記者もいたくらいだった。それだけ値下げが現実不可能と思われていたのだろう。

武田は総務大臣として、携帯電話料金値下げのために自ら率先して動いた。慣例として、携帯各社は新しく総務大臣が就任した際に挨拶に来ることとなっている。武田は、この機会をとらえて、各社に料金引き下げへの姿勢を質した。

二〇二〇年一〇月二日、ソフトバンクの宮内謙社長が総務大臣室を訪れた。

これまで大手三社のうち、ＮＴＴドコモとＫＤＤＩが料金引き下げに前向きに取り組む姿勢を示していたが、ソフトバンクは態度を明確にしていなかった。

宮内社長は、渋々ながらも表明した。

「我が社も、値下げを検討させていただきます」

ソフトバンクが値下げに理解を示したことで、携帯大手三社がそろって政府の方針に対応する見通しとなった。

武田はこの週、宮内社長の他に、たて続けに、NTTの澤田純社長、NTTドコモの吉沢和弘社長、KDDIの高橋誠社長、四月に本格サービスを開始した楽天の三木谷浩史会長兼社長、楽天モバイルの山田善久社長と会い、各社の料金プランや携帯業界を取り巻く環境変化などについて意見を交わした。

さらに武田は、一〇月八日夕、総務省内で携帯電話利用者との意見交換会もおこなった。

武田は、非公開で約一時間、ひとり親と主婦、高齢者、消費者、フリーランスの各団体の代表者五人と意見を交わした。

参加者からは、さまざまな意見が出た。

「コロナ禍でオンラインイベントが増え、通信料が負担になっている」

「家族割引があっても、家計に占める割合はかなり大きくなっている」

「値段が高く、プランが複雑で分かりにくい」

「さまざまなオプション機能があって、自分が使えない機能にまでお金を払うことがある」

彼らは既存の携帯電話業界の問題点について、さまざまな指摘をしてくれた。

衝撃の「カーボンニュートラル宣言」

二〇二〇年一〇月二六日、第二〇三回臨時国会が召集された。

菅義偉総理は、この日午後の衆参各本会議で、就任後初めて所信表明演説に臨んだ。

菅総理は、地球温暖化対策に関して宣言した。

「二〇五〇年までに温室効果ガスの排出を全体としてゼロにする、脱炭素社会の実現を目指す」

携帯電話料金の引き下げなどの改革についても意欲を語った。

「できるものからすぐに着手し、成果を実感いただきたい」

菅総理は演説で「成長戦略の柱に経済と環境の好循環を掲げて、グリーン社会の実現に最大限注力する」とし、「積極的に温暖化対策をおこなうことが大きな成長につながる」と訴えた。

脱炭素社会の実現に向けて「国と地方で検討をおこなう新たな場」を設ける方針も示した。

省エネ徹底と再生可能エネルギーを最大限導入するのに加えて、「安全最優先で原子力政策を進める」と強調し、さらに、「長年続けてきた石炭火力発電に対する政策を抜本的に転換する」と表明した。

新型コロナウイルス対策に関しては、感染拡大抑止と経済活動再開を両立させる方針を強調した。

東京オリンピック・パラリンピックは「来年夏、人類がウイルスに打ち勝った証しとして、開催する決意だ」と語った。

また、デジタル庁設立へ準備を急ぐ考えを示した。

「大胆な規制改革を実現し、ウィズコロナ、ポストコロナの新しい社会をつくる」

地方創生では「観光や農業改革などで地方を活性化し、日本経済を浮上させる」と主張。東日本大震災からの復興は「スピード感を持って取り組む」と述べた。

北朝鮮による拉致問題についても、表明した。

「政権の最重要課題だ。条件を付けずに金正恩委員長と直接向き合う決意だ」

米軍普天間飛行場（沖縄県宜野湾市）の辺野古移設工事は「着実に進める」と述べた。元徴用工問題で関係が冷え込む韓国は「極めて重要な隣国」としつつ、「健全な日韓関係に戻すべく、適切な対応を強く求める」と訴えた。

「武田君は将来、総理大臣になれますから」

武田良太は、初当選が三五歳だったため、現在、当選六回ながら五三歳だ。

自民党の六回生の中では、現在五一歳で麻生派に所属する井上信治内閣府担当大臣に次ぐ若さである。当選回数を重んじる永田町の文化を考えれば、自然と周囲には武田に将来の総理大臣就任を期待する声も高まりつつある。

永原譲二大任町長は、全国町村会の副会長として、二〇二〇年一〇月一六日午前一〇時三〇分、熊本県嘉島町の町長の荒木泰臣全国町村会会長や、秋田県東成瀬村の村長の佐々木哲男秋田県町村会長、北海道白糠町の町長の棚野孝夫北海道町村会長とともに、菅義偉総理と官邸で面会した。

面会者全員で菅総理と記念写真を撮影したあと、一人ずつ写真を撮ることになった。

そのため、永原は握手をする際に、菅総理と会話を交わす機会を得た。

永原は、せっかくだからと武田良太の話をした。

「武田良太の地元の福岡県大任町の町長をやっています。良太のこと、ひとつよろしくお願いします」

すると菅総理は、永原の手を力強く握り返して言った。

「武田君は将来、総理大臣になれますから。地元のみなさんも、これからもしっかり支えてくださいよ」

永原は、現職の菅総理から武田のことをそのように言われて、非常に嬉しくなった。

永原は思った。

〈良太は、菅総理からそんなに期待されているのか〉

一一月二六日、永原譲二大任町長は、全国町村会が都内で開いた定期大会に出席した。大会には、菅義偉総理も二階俊博幹事長も出席した。

この時、過疎の自治体を国が財政支援する過疎地域自立促進特別措置法（過疎法）の期限が二〇二一年春に失効するため、支援継続のために新しく作られる新過疎法の内容が問題になっていた。

それまでの過疎法では、全国九二六町村のうち、約六割の五三八町村が過疎指定を受けていたが、この時検討されていた新過疎法では、指定要件の人口減少率などの基準が一九六〇（昭和三五）年から一九七五（昭和五〇）年に変わるために、数十町村が過疎指定から外れてしまう可能性があった。

二階幹事長は、大会でこのことに言及し語った。

「新たな過疎対策法の策定は自民党の大きな責任。過疎対策こそ日本の政治課題の中で最も大きく、解決に向け努力したい」

全国町村会副会長の永原は、大会後の記者会見で危機感を訴えた。

「財政基盤が脆弱な町村は指定が外れ、（元利償還金の七割が地方交付税措置される）過疎債という命綱がなくなると赤字再建団体に突入する。現過疎指定の町村は維持してほしい」

全国町村会では、この問題について、二階幹事長に働きかけた。

その結果、対象となっている自治体に限って、一九六〇（昭和三五）年を起点とした人口減少率を一定期間、例外的に認められることになった。

新過疎法「過疎地域の持続的発展の支援に関する特別措置法」は、二〇二一年三月二六日の参院本会議において全会一致で可決し、成立した。

当初より基準が緩和されたことで、対象地域はそれまでより三増の八二〇市町村となり、大幅に減少することはなかった。法案は四月一日に施行され、期間は二〇三一年三月末までの一〇年間である。

永原が語る。

「二階幹事長に相談して、昭和五〇年と昭和三五年の併用を認める文言を入れてもらったおかげで、多くの町村がものすごく救われました。二階さんがこの問題でこれだけ動いてくれたってことは、それだけ良太のことをかわいがってくれているってことなんだと思います」

永原は、武田良太にかつて応援した田中六助と似ている部分も見るという。

「よく筑豊の男のことを川筋者と言いますが、良太も六助さんも似ているところはあります。

だから、私たちとも波長が合うんです。川筋者は一度物事を決めると、ぐじぐじ言わずにスパッとやります。男気があるんです。宵越しのカネを持たずに、みんなでワーっと騒いで飲んで使ってしまうタイプですから、良太もみんなの面倒見はよい方だと思います。人情味があって、面倒見がいいんです」

一九五三（昭和二八）年生まれの永原にとって、一九六八（昭和四三）年生まれの武田良太は、一五歳年下の弟みたいなところがあるという。

永原が語る。

「私くらいの歳からしたら、良太は弟みたいなもんなんです。みんな、兄弟くらいに思って、一生懸命応援しています」

永原は武田の将来に大いに期待している。

「地元のことは大丈夫ですから、これからは一人でも多く、自分を応援してくれる仲間を増やして、自民党でも内閣でも、思うぞんぶん活躍していってほしい。六助さんがなれなかった総理大臣にいつかなってもらいたい」

第七章　総務大臣戦記

「携帯料金の値下げ」アクションプラン

武田良太総務大臣は、「携帯電話の値下げ」促進のために、さらに動いた。

二〇二〇年一〇月二七日、武田は、携帯電話料金の値下げを促すためのアクションプラン（行動計画）を公表した。

武田はこの日、記者会見で強調した。

「公正な市場競争がおこなわれているか、毎年検証する。必要に応じて取り組みを見直し、追加的な対策を取りまとめる。これは今までなかった部分だ」

行動計画では、「わかりやすく、納得感のある料金・サービスの実現」、「事業者間の公正な競争の促進」「事業者間の乗り換えの円滑化」を三本柱として掲げた。

年内に始めるウェブサイトでは、乗り換えのメリットや手続きを分かりやすく解説することも発表した。これは携帯料金について「分かりにくい」という声が根強いためだ。

また、各社に割り当てられている周波数についても、「有効利用を検証し、今後の割り当ての方策について検討する」と明記した。

「プラチナバンド」と呼ばれるつながりやすい周波数は現在、ＮＴＴドコモ、ＫＤＤＩ（ａｕ）、ソフトバンクの大手三社が利用し、既存の事業者が退出して空きが出なければ新たな割り当てができない。

ただ、今年から楽天モバイルが大手三社の回線を借りるのではなく自社回線を使って新規参入しており、「広く開放すべきだ」との声が出ていた。総務省は今後、割り当ての方法について検証し、二〇二一年の夏までに結果をまとめる。

アクションプランを受けて、一〇月二八日、KDDI（au）とソフトバンクは新しい低廉な料金プランを発表した。しかし、両社は、多くの国民が利用するメインブランドではなく、サブブランドに新料金プランを設ける対応をとった。また、メインブランドからサブブランドへのプラン変更に際し、煩雑な手続きや高額な事務手数料を要求する「囲い込み策」を見せた。

この両者の対応が、武田には「ごまかし」と映った。武田は、記者会見で舌鋒鋭く、再考を迫った。

「サブブランドに、低廉なプランを用意した。それなのに、高いメインブランドに囲い込むスキームを堅持している。であるならば、メインブランドの価格を下げてもらうしか、国民に実感を持ってもらえない」

一二月三日、NTTドコモは、サブブランドではなくメインブランドで、低廉な新料金プラン「ahamo（アハモ）」を発表した。

NTTドコモの新プランは、業界の常識を破る低廉な料金プランだった。

新料金プランは、他社からの乗り換えやドコモ利用者のプラン変更の際の事務手数料を無料にした。

武田は、ドコモの新料金発表後も、携帯料金値下げのために、精力的に動いた。

公正取引委員会や消費者庁を担当する井上信治内閣府特命担当大臣とも連携し、一二月九日には「二大臣会合」を初めて開催している。

同一事業者内のブランド乗り換えにかかる手数料については撤廃も視野に検討し、三省庁が連携して年内にも改善策を打ち出すとした。また、消費者庁が携帯電話会社の広告表示を総点検し、分かりにくい契約条件や料金に対して指導や要請をしていくことも確認した。

会合後、武田は強調した。

「関係省庁の力を結集して障害を取り除いていく。市場競争が働いた結果、料金の低廉化につながる」

この日、KDDIとソフトバンクは、主力ブランドからサブブランドに乗り換える際に生じる最大一万五五〇〇円の手数料を二〇二一年二月以降、順次撤廃する方針を発表した。

一二月二二日、NTTドコモに引き続き、ソフトバンクも新プランを発表した。

傘下の仮想移動体通信事業者（MVNO）のLINEモバイル（東京・新宿）を吸収合併してスタートする新プラン「Soft bank on LINE」は、データ容量二〇ギガバイトで月額二九八〇円、

ＮＴＴドコモが打ち出した「ahamo（アハモ）」と横並びの料金プランとなる。

新プランは、ソフトバンクのメインブランドのプランとして提供される。

さらに、年が明けた二〇二一年一月一三日、ＫＤＤＩは、データ容量二〇ギガバイトで月額二四八〇円の料金プラン「povo（ポヴォ）」を三月から始めると発表した。

ＮＴＴドコモとソフトバンクが一二月に公表したプランより五〇〇円安く設定されているが、「povo（ポヴォ）」には通話定額が含まれないため、これを追加すると三社の新料金プランは実質的に横並びとなる。

大手三社が発表した新プランの料金をこれまでの水準と比べると、データ容量二〇ギガバイトでは約六割が下がっており、恩恵を受ける利用者は少なくない。

武田は、５Ｇの基地局設置のスケジュールについても語った。

「二〇二三年に九八％のエリアカバー率になります。整備の予算措置ももちろんあります」

今後、携帯各社が5Ｇに投資をしていくことは、料金の値下げにも影響を与える可能性はある。

武田はそれについても語った。

「競争社会ですから、携帯各社も生き残りをかけて、やることはやるでしょうし、やらなければ競争に負けるだけです。そもそも携帯各社はこれまでが儲けすぎなんです。電力会社や、ガス会社の利益率は四～五％ですが、携帯各社は二四％です。携帯各社も『余力はあります』と言っています。これまで、三社でガチガチのところに、新規のモバイル事業者である楽天が参入したことは刺激になるでしょう。楽天はエリアのカバー率が現在は低いけれど、二〇二一年中には九八％まで整備すると言っています」

武田総務大臣だからこそ乗り切れた

内閣府政策統括官（防災担当、当時）の青柳一郎は、武田良太前防災担当大臣が菅政権でも留任と一報された時は喜びつつも、もっともだと思ったが、横滑りで総務大臣に就任するとは想像していなかった。

二〇二一年一月一八日から始まった国会で、災害対策基本法の改正がおこなわれた。青柳は、その骨格の道筋をつねに前防災担当大臣で現在、総務大臣の武田にも報告した上で進めていった。

武田から「うん、これでいけ」と太鼓判をもらうと、青柳も自信を持って進めることができた。お互いに信頼関係があるからこそ、こうしたやり取りができる。青柳にとって非常にありがたいことだった。

青柳は、武田が防災担当大臣時代に手がけていたことが仕上がるたびに、必ず武田に報告を入れた。

また年に一度の防災計画の見直し、防災白書の発表時には、役所から歴代大臣のもとへ説明に行く習わしがある。「来るに及ばず」という人もいるが、武田の場合はきちんと時間を取って、総務大臣室や議員会館などで熱心に話を聞いてくれた。

青柳が〈お忙しいだろうから、説明するのは難しいかな〉と遠慮がちになっても、武田のほうから「防災の担当者が来るんだったら、ちゃんと聞くぞ」と言ってくれる。そこで一カ月に一度のペースで報告に通うことになった。

報告が夕方の遅い時間だったりすると、武田が夕食に誘ってくれた。

「どうせ夕飯食うんだろうから、一緒にどうだ?」

武田はこれまでも、一仕事した時に「飲みに行こう」と誘い、慰労する気配りも忘れなかった。防災担当大臣から総務大臣となった後でも、それは変わらなかった。

連日連夜の激務にもかかわらず、武田は疲れを見せたり説教臭くなったりせず、常に楽しい酒だったという。

青柳は、国会での武田総務大臣の振るまいを見て大いに感心した。

〈総務省であれだけトラブルが起きたのに、武田大臣はしっかり乗り切られたなあ。すごい胆力だ〉

野党やマスコミから袋だたきに遭うと、普通は弱気になって声が小さくなり、ビクビクしてしまうものだ。が、武田はそんなそぶりは一切見せず、常にビシッと大臣らしい立ち振る舞いを貫いた。

青柳は思った。

〈武田大臣だからこそ、この国会の総務大臣を務めることができた〉

誰でもできることではなかった。大きなトラブルを乗り越えられるか否か。それが政治家として、もっとも重要な資質の一つだった。

武田には、「よし、おれに任せろ！」という頼もしさがあった。決断力、判断力に優れ、人間味と温もりが感じられる武田に、官僚もついていきやすい。

青柳は思った。

〈将来、武田大臣が総理になる可能性は充分にあるし、そうなったら、私も本当に喜ばしい〉

「6G時代」の国際競争——日本の情報産業は生き残れるか

菅内閣発足とともに武田良太が大臣となった総務省は、大きな実績をあげている。その一つが携帯電話料金の値下げであった。

携帯電話料金が菅内閣の一大テーマとなったのは、情報メディアを巡る環境の大きな変化を踏まえたものだ。若い世代は、新聞でもテレビでもなく、スマートフォンを通じて情報を得る。

さらに、自分なりに考えて情報を発信する。情報メディアの主役が変わりつつあるのだ。携帯電話料金が政権の一大テーマとなるのも頷ける。

実際、「通信」は勢いを増している。携帯電話はいまや契約数が一億八〇〇〇万台に及ぶ。日本の人口一億二〇〇〇万人を上回る数だ。性能はあがり、5Gにまでいたって、さらに勢いを増す格好だ。こうした時代の風を受けて、通信事業者も軒並み好業績を叩き出している。例えば、NTTの二〇二一年三月期の連結決算は九一六一億円と過去最高となっている。

逆に、いま苦しくなっているのが既存のメディアだ。新聞社にしてもテレビ局にしてもかつての精彩はない。その意味では、放送業の在り方も変わらなくてはならなくなっている。放送業から情報通信業への転換を見据えて動いていかなければならない。

ただし、情報通信業への転換は一朝一夕ではない。放送業では、限られた電波を占有して放送を行う側に主導権があった。しかし、情報通信業となると視聴者が好きな番組を選ぶ。視聴者が主体となる。情報通信業には、視聴者に徹底的に寄り添ったサービスを提供していかなければならないのだ。こうした時代の風をうまくとらえたのが、ネットリックスに代表される動画配信サービスであり、加入者数を急速に伸ばしている。

当然、監督省庁たる総務省も時代に先駆けて手を打っている。二〇二一年一月には、インターネット活用実施基準を変更認可し、NHKのインターネット活用の拡充を促している。

情報メディアの変革時代において、手を打たなければならないのは放送分野だけではない。じつは、通信分野においても未来を見据えて手を打っていかなければならない。そのために武田が打った布石が、NICT（情報通信研究機構）による基金設立だ。

通信技術はまさに日進月歩であり、5Gがもてはやされている現在、すでに世界は6Gに向けて開発が進んでいる。じつは、情報通信分野の世界市場において、我が国企業の国際競争力は必ずしも高いわけではない。例えば、基地局設備の世界シェアで日本企業は二〇一八年現在で二％に満たない。日本の官はこれまで、民間の開発に対して冷ややかに見ているだけにすぎなかった。通信事業が5Gで遅れをとった原因の一つはそれだ、と武田は思っている。

武田は強く言う。

「もう遅れをとるわけにはいかないのだ」

国と民間が手を携えて、世界に引けをとらない通信技術開発国を目指す。それを進めるために、資金となる基金を設立したというわけだ。今後、五年かけて6Gの研究開発に一〇〇〇億円の投入を見込み、この分野で日本が主導権を握る。それが武田の描く青写真である。

そうした新たな時代を迎え、菅内閣もそこに向けて力を注いでいく。

決断と実行

武田は、総務大臣という立場にあって何が大事かといえば、部下を本気にさせる力だと思っている。

例えば、ワクチン接種に関して、菅総理は「七月までの希望する高齢者の接種は終わらせたい」との意向を示しても、現場はなかなか動かない。

菅総理から直々に呼ばれて要請を受けた武田は、ワクチン接種を促進するために動いた。

そのためには、ただ早くワクチン接種を進めるために要請するだけでは進まない。このような緊急事態はどの自治体も初めてのことで戸惑いもあるだろうし、それが進まないには進まない事情がそれぞれの自治体にある。その事情を取り除くために、総務省の担当者が、一つひとつの自治体の担当者と話し合った。

総務大臣である武田も、地元自治体から「打っていいかどうか判断する医師が足りない」といった声があがれば、自ら日本医師会に足を運んで各地域の医師会と自治体の一層の連携、調整を要請した。

「ワクチンを打つひとがいない」という声が上がれば、厚生労働省の「打ち手拡大」の検討に対し、消防本部に所属している救急救命士も相当数いることから、しっかり協力した。

その結果、七月一日には神奈川県海老名市において、救急救命士によるワクチン接種が始まった。

総務省がサポート体制をきちんととっていれば、自治体も動きやすくなる。菅総理が公表した「七月末までの高齢者接種」に向けた、それぞれの自治体のスキームをつくりあげることができ、「七月末までの高齢者の接種終了」がすべての自治体で見込まれることとなった。

アフターコロナの地方戦略

武田良太総務大臣は、このコロナ禍は、ある意味ではチャンスだと思っている。感染防止のために外出を自粛し、企業でも在宅勤務、テレワークをできうる限り推奨している。このことでデジタル化が進み、情報通信のエリアが広がるし、国民の意識も高まる。役所や関係機関に行かないとできなかった行政手続きもオンライン化が進むことで、一七四一ある全国の自治体のどこでもできることになる。市民生活の利便性が高まり、行政も効率化が進む。

地方の主要産業である農業、林業、畜産業などの、いわゆる、第一次産業は、つねに担い手不足に頭を悩ませてきた。しかし、ＡＩ化が進むことで、少ない人手でできるようになる。

例えば、農業で言えば、ドローンで水を撒《ま》いたり、殺虫剤を撒ける。ハウス農業であれば温度調節も適温を保つことができる。畜産業で言えば、時間がくれば自動的に牛に餌をあたえる。

地方の活性化については、総務省も後押ししている。

例えば、ふるさと納税。そもそもは寄附した人に対して、返礼品等については、地域の雇用創出や新たな地域資源の発掘など、地域経済の活性化に寄与するよう基準で定められている。このたびその返礼品の一つに、地域資源を活用して地元で発電された一定の電力について、この基準に適合するものとして扱うこととした。

しかし、基準の趣旨から、対象は地域資源を活用して発電された電気とし、原子力エネルギーや石炭火力発電は対象外とする。これは太陽光発電、風力発電をはじめとする再生可能エネルギーを想定したものだ。つまり、菅内閣が目指す、カーボンニュートラル、脱炭素社会の実現の一環でもある。年間一二億トンを超える温室効果ガスの排出量を、二〇五〇年までにゼロにするというものだ。このことは産業構造や経済社会の変革をもたらし、大きな成長につながると総務省をはじめとした政府は見ている。

しかし、この考え方は地方自治体になかなか浸透していない。燃料コストはゼロだが普及しない。今のところ、設備投資に莫大な費用がかかるからだ。これが多くの地方自治体によって始まれば、スケールメリットができて設備投資も安くなる。これは地方だけの問題ではなく日本の問題でもある。日本にとって一番問題なのは、エネルギーと食料の供給率の低さだった。そのうちの一つに手をつけた。

武田総務大臣は、地域活性化のベースとなる安心・安全のために、消防団員数の確保が重要であると考えており、二〇二〇年一二月、外部有識者等による検討会を立ち上げ、団員の処遇などを検討したきた。検討会からの報告を踏まえ、二〇二一年四月、消防団員の報酬等に関する基準を制定した。団員階級は年額報酬三万六五〇〇円、災害時に一日出動するごとに八〇〇〇円の出勤報酬となっている。自然災害が各地で頻発している中、地域の消防団の役割は大きくなっている。土砂崩れにしても、河川の氾濫による水害にしても、自衛隊が派遣される前に、地域を知る消防団があらかじめ救助活動をおこなうことも多い。「ここには、何人家族が住んでいた」といった地元の人たちでないとわからない情報も持っている。

ところが、かつては二〇〇万人以上いた消防団員はいまや半分以下の約八一万八〇〇〇人(二〇二〇年四月一日現在)にまで減ってしまっている。最盛期にはボランティアで集まり、地域のために危い中でも消防活動をおこなっていた。かつては地域のために多くの時間を割いて参加する人もいたが、現代は地域のために活動できる時間も限られているし、そもそも若い世代が少なくなっている。

武田は、適切な報酬を出すことで消防団に参加するモチベーションを上げることができないかと思っている。

一方、新型コロナウイルスのパンデミックをきっかけに始まったテレワークの普及は、人々の働き方、生活の仕方を変える。ネットワークでつながっているために、いつどこででも仕事ができる。会社に出社しなければならない時にはその会社がある都市部周辺にいなくてはならなかったが、テレワークによって都市部で生活をしなくてはならない理由はなくなる。

狭いマンションに高額を払うよりも、自然がまわりにあって広くゆったりとした地方の家に住みたいと思う人も増える。一極集中が解けて、地方回帰が起きる。地方での流通が活発となり地方経済が活性化する。

コロナという人類にとっての脅威である一方で、新たなる価値観を生み出し、日本が抱えていた地方の活性化という大きな課題を解決する可能性さえ秘めている。

じつは、この地方再生こそ、コロナ対策に追われてしまっている菅総理が最もやりたいことだ。

鳥獣被害に立ち向かう

武田は、消防団員の処遇改善・団員数確保にとどまらず、さらに安全・安心の確保の取り組みを進める。

問題意識をもったのは、鳥獣被害への対策である。

野生鳥獣による農林水産被害は、二〇一九年度において一五八億円にのぼる。

さらに問題なのは、数字に表れない、営農意欲の減退、耕作放棄の増大など農山漁村への深刻な打撃であり、対策を進めることは、国全体として非常に重要である。

特に対策として重要なのは、「人材確保」と「財政支援」である。

まず、人材については、鳥獣の捕獲や防護柵・緩衝帯の設置などに取り組む「鳥獣被害対策実施隊」をしっかり確保することが重要である。

二〇二〇年四月現在で実施隊員は、全国に三万九九二四人いるものの、高齢化が進展し、人数の確保が困難になってきているところである。

実施隊の報酬は市町村が決定しているが、日額数千円の市町村も多い。

山地での猟銃等を使った鳥獣の捕獲は危険を伴う業務である。また、鳥獣の捕獲頭数が年々増加する中、実施隊の業務負担も増加している。このような業務の内容に対して日額数千円では割に合わない。

「業務の内容に見合う処遇をし、自信をもって働いてもらう。それが、農山漁村で困っている多くの人を助けることになるのだ」と武田は考えた。

また、財政支援として、農林水産省が所管する「鳥獣被害防止総合対策交付金」があるが、これは、地域協議会などがおこなう捕獲活動の抜本的強化の取組等に対して補助をおこなうものである。

二〇二一度の予算額は、一一〇億円であるが、広域化・深刻化する鳥獣被害対策を十分におこなうためには、さらに増額をすることが必要であり、地方から多くの要望を受けているのが実態である。

武田は、地方財政措置についての各府省への「申入れ」に目をつけた。

各府省は、地方負担を伴う事業を実施するにあたっては、総務大臣の意見を求めなければならない。そのため、総務大臣は、予算の概算要求基準の閣議了解時に、各府省に対して、あらかじめ「申入れ」を行っている。各府省の予算に、地方の立場から睨みを利かせているのだ。

この仕組みを活用し、武田は、七月七日の臨時閣議において、鳥獣被害対策についても農林水産大臣に「申入れ」をおこなった。

「鳥獣被害対策を推進するため、鳥獣被害防止総合対策交付金について所用の国費を確保するとともに、鳥獣被害対策を実施するための人材の確保に向けた取り組みについて必要な財政措置を講じられたい」と。

今後、これを踏まえ、農林水産省がしっかりと検討を進めることとなる。

「人材確保」と「財政支援」に加え、狩猟をおこないやすくすることも、鳥獣被害への対策として重要だ。

我が国の野生鳥獣による農林水産被害のうち、その六割強をシカとイノシシが占めている。こうした大型獣の捕獲に有効なのが、「巻き狩り」と呼ばれる方法だ。巻き狩りは、グループで狩りをおこなう。広大な山林において、グループで連絡を取りながら狩りをおこなうには、当然、無線が必需品となる。携帯電話の電波も入らないような山林だから、使えるのは、汎用のトランシーバか専用機ということにならざるを得ない。

武田は言う。

「ところが、汎用のトランシーバは安いが電波の飛びが悪い、専用機の導入には費用がかかるということで、どちらも狩猟に使うには課題があった。鳥獣被害を食い止めるためにも、何とかしなければならないと思っていたんです」

武田が考えたのは、アマチュア無線の狩猟利用を後押ししてやることだった。じつは米国においては、アマチュア無線の社会貢献活動が活発におこなわれている。武田は、日本でも同じことができるはずだと以前から考えていた。

「アマチュア無線を、鳥獣対策をはじめとした社会活動で活用できるようにして、地域社会により貢献できるようにする」

二〇二一年三月一〇日、総務省告示が改正され、アマチュア無線が鳥獣対策に利用できることが明確化された。今回、拡充されたアマチュア無線の活用シーンは、鳥獣被害対策だけでなく、植林、清掃活動、学校行事、消防団活動など、地域のさまざまな社会貢献活動に広がっていると言う。

社会と世界を開く——電話リレーサービスの開始

二〇二一年七月一日、この日、公共インフラとしての電話リレーサービスが開始された。武田総務大臣は、サービス開始セレモニーに出席し、万感の思いで、喜びにあふれる電話リレーサービスの利用者との初通話に臨んでいた。

武田と電話リレーサービスの関わりは、防災担当大臣時代にさかのぼる。

武田が防災担当大臣を務めた二〇一九年は、とにかく台風被害が甚大だった年だ。そもそも、着任した九月一一日は、まさに台風一五号が関東を直撃した翌々日だった。武田は、皇居での認証式、初会見を終えると、防災服に身を包み、被災地に飛んで現場指揮にあたった。その後も、台風一九号、台風二一号の列島直撃、令和元年八月豪雨、令和二年七月大雨など、武田は被災地の復興に奮闘することになるのだが、その際、直属の部下として武田の傍らにあったのが、内閣府政務官の今井絵理子《いまいえりこ》参議院議員であった。

今井議員は、九十年代後半に国民的人気を誇ったダンスグループ、SPEEDのボーカルだが、近年では、聴覚障害者の情報バリアフリーに熱心に取り組む議員としても知られている。二〇二〇年一一月三〇日の参院本会議では、初めて手話を交えて質問を行い、注目を集めた。

武田は、防災担当大臣として今井政務官（当時）と働く中で、聴覚障害者の方々が災害時に直面する困難さを痛感するようになったという。それも少年時代の記憶とともに。自戒の念をこめて。

武田は語る。

「もみあげのあたりを触るとふっと思い出すことがあるんです。小学生の頃からずっと通っていた理髪店のおじちゃんのことをね。散髪代としてお金を握りしめて持って行くんだけど、帰りに鰻丼食べてけ、なんて言われてね。ずいぶんかわいがってもらいました。耳が不自由な方で、筆談でね」

武田が生まれ育った福岡は自然災害の多い土地だ。台風が年に数回は必ず押し寄せる。かわいがってくれた「おじちゃん」も災害のたびに不安な思いであったのだろう。武田は今井政務官と働くまで、そのことに思い至らなかった自分を恥じたのだという。

実際、災害時に聴覚障害者の方々が直面する状況は困難なものだ。まず、防災無線などが聞こえず、避難が遅れてしまうことがある。避難所でも、一斉放送などが聞こえず、必要な情報の入手が遅れてしまうこともある。その中でも、とりわけ難しいのが、電話による情報のやりとりである。

武田は言う。

「災害時に、人々がまず行うのは電話による安否確認です。聴覚障害者の方々はこれが難しい。次に行うのは、困っていること、やって欲しいことを電話で伝えることですが、これも聴覚障害者の方々にとっては困難。防災担当大臣をやってみて、災害時に聴覚障害者の方々が置かれている状況を知って愕然としました。何とかしなくちゃならん、と思いましたね」

武田は、その思いを総務大臣として実現することになる。

電話リレーサービスとは、聴覚障害者や発話に障害のある方と聴覚障害者以外の方等との会話を、通訳オペレータが手話・文字と音声を通訳することにより、電話で双方向につなぐサービスのことをいう。

これまで、聴覚障害者にとって、電話をかけたり、電話を受けたりすることは難しい状況だったが、法律に基づく電話リレーサービスが開始されたことで、二四時間・三六五日、電話を使いたい時に使うことができるようになった。もちろん緊急通報にも対応しており、災害時や緊急の際にも電話を使うことができるようになった。

武田は、二〇二〇年一一月に大臣室を往訪した、日本ろうあ連盟幹部と薬師寺道代《やくしじみちよ》前参議院議員にこう語りかけた。

「電話リレーサービスが広く普及するためには、国民の方々のご理解が重要です。是非、普及啓発に頑張っていきましょう」

公共インフラとしての電話リレーサービスは始まったばかりだ。サービスについての国民の理解が不十分だと、通訳オペレータを介した電話を怪しんで通話を拒否してしまうかも知れない。

さらに、電話リレーサービスは、最終的には、電話の利用者一人ひとりの負担で支えることとなる。年額合計七円(二〇二一年度)という額だが、電話リレーサービスへの理解が不十分だと、電話利用者の不満を招き、制度そのものの存立が揺らぎかねない。

武田は、電話リレーサービスの制度を確固たるものとするのが自らの責務だという。

冒頭のセレモニーに場面を移そう。数年越しの思いをかなえ、新たな責務に身を引き締めながら、武田は、初通話の電話の呼び出し音が鳴るのを待っていた。

電話の呼び出し音が鳴った。武田は、もみあげに一つ手をやってから通話ボタンを押す。すると、少し緊張気味の声が流れ出た。初通話の相手は川俣郁美さん。三歳の時に高熱でろうになった。現在は、アジアの聴覚関係事業など、多方面で活躍中だ。

「今日この日に、公共インフラとしての電話リレーサービスが開始されることを、とてもうれしく思っています」

「これまでは急いで電話をしたり確認したいことがあっても、周りの誰かに頼まなければならず、時間がかかるFAXやメールの方法を使っていました。また、お店に直接行って筆談するということもありました。この電話リレーサービスがスタートして、自分の好きなときに相手の都合に合わせて、電話をかけることができます」

武田は、電話の向こう側にいる川俣さんを思い浮かべながら、言葉をつなぐ。

「これまで不便なことが多かったと思います。災害時においても、しっかりと役に立てるシステムだと思っておりますので、広く周知していただいて、一人でも多くの方々が利用していただけることを願っています」

電話リレーサービスを通じて、社会と世界を開く。それが武田の思いである。

政治家が大勝負をかける時に必要な絶対条件

二〇一三年、武田良太は第二次安倍晋三内閣で防衛副大臣に就任。小野寺五典《おのでらいつのり》防衛大臣に仕えた。防衛官僚であるB氏がこの時期、武田と接することはあまりなく、武田との最初の出会いは二〇一五年頃であった。

B氏の武田に対する第一印象は「親分肌の先生だな」ということであった。

親しくなると、武田から直接電話がしばしばかかってくるようになった。コロナ禍の今とは異なり「今、赤坂の焼き鳥屋にいるから来ないか」との連絡をよく受けたという。

結構な遅い時間である。行ってみると、いろいろな人々が集っていた。国会議員がいる。それも自民党だけではない。他党の議員もいた。政党、党派を超えて武田はさまざまな人と付き合っていた。

政治家だけではない。官僚やマスコミの人間もそろってワーワーとやっていた。これが武田流であることはB氏にもだんだんわかってきた。

B氏は二階幹事長が主催する宴席にも呼ばれたことがある。顔を出すと、たいていは武田と林幹雄自民党幹事長代理が同席していた。

コロナ禍の現在、政治家が飲食店で飲み食いすることはまずない。武田は以前から国会議員をはじめ、官僚やマスコミ関係者を集め、居酒屋でワイワイやる場を大事にしてきた。だが、感染が拡大した昨年と今年はそうした機会を持てずにいる。仕方のないことだ。感染拡大の前、武田は飲み会というと、若手の政治家を八人ほど連れ歩くのが常だった。二階派所属議員だけではない。他派閥の者も分け隔てなく誘った。

小選挙区制が敷かれて以降、こうしたタイプの政治家はめっきり少なくなった。

B氏は思う。

〈党派を超えて見どころのある先生方を武田先生は呼んでおられる。他派、他党の所属でも、武田先生に私淑している先生が多く集まっている。最近の政治家ではあまり見かけないタイプだ。用件のある無しにかかわらずさまざまな人々に声をかけられている。そうした日頃の人間関係こそが大事ではないか〉

政治家には「大勝負」をかける時が必ず訪れる。その時の味方は多ければ多いほどいい。日頃から世話をしてきた人でないと、本当の意味での味方にはなってくれない。

その点、武田には一日の長がある。生来の親分肌で人間好きだからだ。Bの見るところ、武田は人と会うことを苦にしていない。

派閥の領袖である二階俊博自民党幹事長はそれまで入閣適齢期を迎えた自派の議員を次々と閣内に送り込んできた。だが、それも一期限り。

「二階派議員に『二回目』はない」

駄洒落《だじゃれ》ではないが、それが派閥の不文律だった。順送りで大臣になれるが、一期で終わりである。

だが、武田は閣内に残った。菅義偉総理の強い推しがあったからだろう。

総務大臣は菅内閣にとって最重要とも言えるポストだ。看板政策である携帯電話料金値下げとNHK改革を担当する。業界や霞が関と戦わなければならない。

〈言うべきところははっきりものを言われる。我々も頼りにしてきた。多少の摩擦は恐れない方だ〉

B氏は思う。

武田は単なる一言居士ではない。いろいろな人の話を積極的に聞く姿勢もある。武田の姿勢を「本当に立派だ」と密かに感服してきた。

「自分はこの分野には詳しくないんで」

武田ははっきりとそう言明する。事務方に教えを請うことに照れがない。「勉強しよう」という気持ちが強いのだろう。

説明を聞き、いったん納得したら、しっかりやる。「できないことは言うな。言ったら、死んでもやれ」という二階の教えが武田の中には生きている。

官僚から見た大人《たいじん》・武田良太像

二階派（志帥会）には現在、衆参両院議員四七人が所属している。細田派（清和政策研究会）、麻生派（志公会）、竹下派（平成研究会）に次ぎ、岸田派（宏池会）と肩を並べ第四派閥の位置にある。二階派は自前の総裁候補を持たない。領袖の二階俊博自民党幹事長は政権を支える立場にあるものの、この点は弱みと取られても仕方がないだろう。

だが、ここに来てその弱点を補える可能性が出てきた。派内に総裁候補として頭角を現す人材が出てきたからだ。武田良太総務大臣である。

武田は現在、五三歳。国家公安委員長に続き、総務大臣で二度目の入閣を果たした。

B氏は武田に大きな期待を寄せている。

〈武田先生はお若いのに、風格を備えておられる。すでに覚悟を決めているのだろう。若い時からいろいろな人を見て、政治家として自分を高みに引き上げるにはどうしたらいいかを考え

てきた。それにはたくさんの味方を作る必要がある。謙虚に勉強する姿勢も必要だ〉

政治家も閣僚経験を重ねるようになると、だんだん増長してくる。人の話を聞かなくなる者も少なくない。

だが、武田は違う。人の話に真摯に耳を傾ける。総務大臣として二度目の入閣を果たした今も変わらない。

政治家にとっての勉強といえば、耳学問が一番だ。激務のかたわら、読書の時間を確保するのは難しい。B氏は思う。

〈本は読むには時間がかかる。要点をつかむのも簡単ではない。また、本に書かれていることがすべて正しいとは限らない。それと比較して、さまざまな優れた専門家に話を聞くのは手っ取り早い。どんな話にも要点や勘所は必ずある。本当にわかっている人なら、そうした点にも配慮しながら話してくれる。本を読むよりもずっと早く問題を把握できる。要は優れた専門家との人脈を作れるかどうかだ。その点、武田先生は人脈作りにも努力されている。その上、武田先生は聞き上手だ。鼻につくようなエリート臭もない。付き合いがしやすいし、どんどん人を受け入れる懐の深さも持ち合わせている。これは政治家にとって重要な資質ではないか〉

武田は宴席が好きだが、飲み方にも美学がある。政治家として酒を楽しむ術《すべ》を知っている。だが、決して酒に飲まれることはない。

永田町には酒癖の悪さで知られ、飲むたびに荒れる者もいる。武田に限ってそんなことはない。B氏は思う。

〈酒席で一緒になれば、二〜三時間は一緒にいる。その間にいろいろな話ができる。昼間とは趣《おもむき》の異なる方向に話が進むこともあるだろう。ただ酒席をよりよく保つためには、ルールがある。酒席の心得として中国人から聞いた話だが、中国では大酒を飲めることが宴会での美徳。そして酒豪は大人物の条件。ただし、酔い潰れることは決して許されない〉

酒が入ると、途端に理屈っぽくなる人がいる。話し相手をやたらと論破したがるような手合いだ。B氏はそうした酒癖を好まない。

〈論破するとは敵を増やすのと同じことだ。「自分はこんなに知ってるんだ」「自分はこんなに頭がいいんだ」と、人にひけらかし、結局は恨みを買っている。そんな真似をするくらいなら、多少おだてながらでも話を聞くほうがいい。聞きたいことを全部引き出す。それぐらいの芸当ができなくては政治家は務まらないだろう。武田先生は苦労人。そのあたりはよく心得ていらっしゃる〉

B氏は議員会館にもよく足を運んでいる。武田の事務所にも何度も行ったことがある。そこで気づいたのが武田事務所の雰囲気のよさだ。下世話な表現をすれば、ファミリーのようだ。

B氏が行くと、お菓子をはじめいろいろなものが出る。帰り際にはお土産を手渡されるのがお決まりだった。

事務所の雰囲気を決めているのは武田だろう。B氏は思う。

〈武田先生はある意味で厳しい方だ。だからこそ、人を偶する配慮の行き届いた事務所の形が生まれる。すべての秘書が来客に対し細やかな気遣いで接している。そこには武田先生の一つの想いが結晶している。

昭和の時代、中選挙区時代の匂いを感じさせる政治家は絶滅危惧種に近い。今では二階俊博自民党幹事長、武田、森山裕自民党国会対策委員長ぐらいのものだろう。三人に共通するのは情と戦闘力の両方を兼ね備えている点だ。

武田は運がいい。旧山﨑派から二階派に移ったことでポストに恵まれた。

〈武田先生には総理総裁の座を是非とも狙っていただきたい。七十代までには二〇年の時がある人だ〉

そうB氏は思う。

武田は外見もなかなかスマートだ。妻を亡くし、現在は独身。家族は娘一人だ。B氏は会ったことこそないが、武田から何度となく娘の話を聞かされた。よき父親である。

武田には総理総裁としての資質がある。B氏はそう睨《にら》んでいる。次の内閣改造でも恐らく重要ポストで処遇されるだろう。

経産大臣にでも就任すれば、さらに人脈は広がっていく。B氏は武田が海外にも交流を広げているのを知っている。

領袖である二階が抱える中国人脈を受け継ぐのもいい。あとは米国だ。これからの日本のリーダーは米中の両方と気脈を通じておく必要がある。

既に人脈を作っているとはいえ、より多くの米国の政治家たちに知己はいた方がいい。大臣の訪問となれば、先方も無下にはしない。

総理総裁を目指すのなら、自民党の三役も早めに経験しておいた方がいいだろう。政調会長になると、霞が関とのパイプも太くなる。多くの省庁から官僚が日参するようになるからだ。

総理を狙うのなら、やはり幹事長の椅子は通過しておきたい。

かつて族議員が跳梁跋扈《ちょうりょうばっこ》した時代と比べると、議員と官僚の関係も希薄になった。昭和の自民党には個別政策の各分野に精通した議員が部会で議論を牽引《けんいん》していた。

今も役所と深い関係を持つ議員はいる。多くは大臣経験者、副大臣経験者、自民党の部会長経験者らだ。官僚たちはこうした議員を「インナー」と呼んでいる。

インナーは自民党の部会の方向性を決める。それほど隠然たる影響力を持っているのだ。

武田には防衛大臣の経験はない。大臣経験者から見れば、一段格下である。

安全保障分野では今、自民党には論客が多い。防衛大臣経験者では石破茂や岩屋毅《いわやたけし》、中谷元、小野寺五典、江渡聡徳《えとあきのり》、浜田靖一《はまだやすかず》がそうだ。

武田は必ずしも論客ではない。インナーによる議論の場でも小難しい持論を滔々《とうとう》と述べたりはしない。黙って聞いている。官僚が取りまとめに困ったら、「俺がまとめてやる」と乗り出してくる。恐らく本人もそれが自分の役回りだと心得ているのだろう。

〈武田先生にはできれば防衛大臣になっていただきたかった。だが、初入閣は国家公安委員長、二度目は総務大臣だった。

総務大臣は重いポスト。旧自治省や旧郵政省の所管分野は国のあり方に関わる。そこでしっかりお仕事をして頂きたい〉

総理総裁を狙うのであれば、是非とも通過しておきたい役職が二つある。

まずは外務大臣だ。外交の経験はトップリーダーに不可欠だと言っていい。

安倍晋三総理は長期政権であったことも幸いし、各国の首脳と話ができた。ここに安倍の凄みが集約されている。トランプともプーチン、習近平とも話ができた。先進国で安倍より長く首脳の座にいるのはドイツのメルケル首相ぐらいのものだろう。

首脳外交は一朝一夕にはできない。場数を踏む必要がある。

もう一つは幹事長。政党人として最高のポストだ。党三役の筆頭で、自民党ナンバーツー。総理として国政を担う総裁に代わって党務全般を差配する。

第八章　抵抗を恐れず

NHK改革の全貌

武田良太は、総務大臣として所管するNHKの改革にもさらに取り組んでいる。

武田はNHK改革についても思う。

〈NHKは、かけがえのない公共放送だが、『国民のために何をしなければいけないか』という視点を持ってほしい。ただ単にいい番組を作って、事実を報道するだけでいいのだろうか〉

武田は大臣就任後、NHKの前田晃伸会長や、NHK経営委員会の森下俊三委員長に受信料の値下げについて考えを問いただしている。

武田には「新型コロナウイルス禍の家計の負担を考えたときに料金を少しでも抑えられるよう、NHK自らの経営努力で国民の期待に応えるべきではないか」との強い思いがあった。

じつは、NHKの受信料をめぐっては、武田の前任者の高市早苗《たかいちさなえ》前総務大臣も繰り返し値下げを求めていた。

序章で触れたように、二〇二〇年八月に公表したNHKの次期経営計画案（令和三～五年度）には、一〇月におこなわれた月数十円程度の値下げに続く新たな措置の明記は見送られている。

NHKには剰余金が一四五〇億円もあり、さらに渋谷の放送センターの建て替え費用として一七〇〇億円もの予算が組まれている。

武田には、「その資金をなぜ受信料の値下げに使えないのか」との強い思いがあった。

ＮＨＫは、国営放送ではなく、国民との契約義務によって成り立つ公共放送だ。料金の支払いはあくまで両者の合意に基づくものになっている。現在、国民の約八割がその合意のもとにＮＨＫの料金を支払っているが、一方で約二割の人はＮＨＫの料金を払わずにタダ乗りしている状態が放置されている。また、未契約者、未支払者への督促には、莫大な経費がかかっており、これも約八割の国民が負担している。二重の不公平というわけだ。

二〇二一年一月一三日、ＮＨＫは、令和三年〜令和五年度の中期経営計画を決定した。

受信料は、令和五年度の値下げに踏みこんだ。さらにＡＭラジオの「第一」、「第二」を令和五年度に統合することや、三年間で計五五〇億円程度の事業支出削減などの改革も盛り込んだ。

前田晃伸《まえだてるのぶ》会長は、記者会見で、地上波を含む衛星契約受信料（月額二一七〇円）で値下げした場合に、「月三〇〇円を一年間下げることができるくらいの還元金額だ」と説明した。一方で、具体的な値下げ幅や方法は今後検討する意向を示した。

値下げの原資としては、令和二年度末見込みで一四五〇億円に上る剰余金を四〇〇億円程度取り崩す他に、一七〇〇億円での建設を予定していた東京都渋谷区の放送センターの建て替え計画の縮小で二〇〇億円程度を捻出。令和五年度に見込む約一〇〇億円の黒字も充当する。

今回の経営計画には、受信料値下げやＡＭラジオと衛星放送のチャンネル削減以外にも、さまざまな改革が盛り込まれた。

番組制作では、地上波や衛星波、ラジオの計九チャンネルごとにおこなっていた制作や編成を、報道やドラマなどジャンル別に管理し、重複をなくしてコストを合理化し、制作の総量も減らすなどして、三カ年で三〇〇億円超を削減する。

グループ改革では、子会社などの全体規模を縮小し、団体の数を削減。子会社の統合や合理化を加速させるための中間持ち株会社制度の導入も図り、関連財団の令和五年度の統合を検討する。

武田は、この日、NHKの経営計画の発表を受けて、総務省で語った。

「改革に大いなる一歩を踏み出した」

その一方で、武田は、NHKへのさらなる提言もおこなった。

「値下げに踏み切ってもらったが、コロナ禍において一日でも早く国民が安くなることを実感できるように尽力してほしい」

さらにもう一つの取り組みがNHKのインターネット配信だ。

インターネットや5Gの活用の促進の旗をふる武田の視線は五年先、一〇年先のメディア環境に向いてる。

ネットフリックスやHuluといったインターネット配信サービスが勃興する中、放送メディアは、公共放送は、どう対応すべきなのか。

今般、武田は、ＮＨＫがインターネット配信事業に使う経費の上限を引き上げることにしたが、放送メディアの将来を見据え、武田の悩みは尽きない。

ＮＨＫ改革に対する私の意志だ

菅義偉総理も、総務大臣時代タブーだったＮＨＫの受信料値下げに動いている。

ＮＨＫ受信料は年間一万六一四〇円。衛星受信料も含めると年間二万七四八〇円かかる。衛星放送がスタートした一九八九年と比較してみると、地上派、衛星ともに年間四〇〇〇円以上値上がりしていた。庶民の金銭感覚としては、ずいぶん割高感があった。

また、ＮＨＫの受信料を実際に支払っていたのは三二〇〇万人にとどまり、約一〇〇〇万人が支払っていなかった。これでは受信料を払っている人が、払わない人の分まで負担していることになる。菅は、この不公平を是正するため、受信料の支払い義務化と同時に、受信料の二割値下げを提案した。

タブーに近かった受信料の値下げを口にした政治家は、菅が初めてであった。

ＮＨＫの橋本元一会長（当時）がこれに難色を示し、放送法改正案の国会提出が行き詰まった二〇〇七年二月二八日、菅は、ＮＨＫ改革に絡んで課長を更迭《こうてつ》した。きっかけは、総務省でおこなわれている新聞社の論説委員と官僚が法案の内容や政策の方針について意見交換する論説懇であった。

その論説懇の席で、NHKを担当している課長がこう発言していた。

「菅大臣はそういうことをおっしゃっていますが、自民党内にはいろんな考え方の人もいますし、そう簡単ではない。どうなるかわかりません」

この発言を聞いた菅の知人の論説委員から、菅の元に連絡が来た。

「菅さん、大丈夫?」

菅は、すぐに懇談の議事録を確認した。すると、はっきりとその課長の発言が残されていた。しかも、NHK改革が簡単か難しいかどうか訊かれてもいないのに、わざわざ自分から見解を述べた発言であった。

課長の発言は、官僚の域を超えていた。

菅は、すぐに動いた。

「論説委員の質問に答えるならいいが、質問もされていないのに一課長が勝手に自分の思いで発言するのは許せない。担当課長を替える」

菅の決意は揺るがなかった。

菅は、ただちに担当課長を替えることにした。だが、総務省の幹部は抵抗した。

「任期の途中で交代させると、マスコミに書かれて、大問題になりますよ」

「構わない。おれの決意を示すためにやるんだ。本気でＮＨＫ改革をやる、ということを示すためだ」

「課長職はそのままにして、ＮＨＫ改革の担当者を上司に替えることで了解してもらえないでしょうか」

「ダメだ」

「大騒ぎになり、結果的に大臣にご迷惑をおかけしてしまいますが……」

「いいから、替えるんだ。ＮＨＫ改革に対する私の意志だ」

菅は押し切った。

実際に、マスコミからはバッシングを浴びた。ナチスドイツでプロパガンダを一手に担った人物を引き合いに出して、「安倍政権のゲッベルス」などと書きたてられた。

だが、この人事によって省内には緊張感が生まれ、一丸となってＮＨＫ改革に取り組むことができた。

その後、菅は総務大臣を退任する際、更迭《こうてつ》した課長を本省に戻した。

このようなことはよくあることだが、ＮＨＫを応援する片山虎之助《かたやまとらのすけ》元総務大臣は課長交代をなぜ止めなかったのか、と事務次官の松田隆利を叱責した。

ＮＨＫでは橋本元一《はしもとげんいち》会長（当時）以下、改革に対して反対の声が大きく、組合も強かった。また、報道機関であることも手伝って早期実現は困難と判断された。

二〇〇七年三月一九日、政府与党は二〇〇八年実施を目指していたＮＨＫ受信料の支払い義務化を先送りする方針を固めた。

とはいえ、菅が最初の方向性をつけたという点で意味はあった。

二〇一一年一〇月末、ＮＨＫは二〇一二～一四年の経営計画の中で、受信料の値下げを発表。口座・クレジット払いで受信料の約九％となる年間一四四〇円、継続振込支払いで年間八四〇円の値下げが実現した。

受信料の値下げはＮＨＫの歴史で初めてのことであった。

新「日本列島改造」

武田総務大臣は、矢継ぎ早に改革に取り組んでいる。

地方自治を所管する武田には地方の経済に対する危機感があった。

コロナ禍という国家の非常事態で、地方の税収は落ち込みが予想される。

地方が行政サービスを展開するための財源である一般財源総額は、地方税、地方交付税、地方譲与税などで構成されている。そのため基礎となる地方税の減額により、地域経済の縮小が当然、予想される。

地方交付税は法律などにより額が決まるため、総務省では、臨時財政対策債という後年度に地方交付税で措置される特例債を発行することを予定している。

地方の財政を支えるためにはやむを得ないもので、ある種の地方に対する経済対策でもある。武田は思う。

〈携帯やＮＨＫの料金値下げとも結び付くことだが、家庭の可処分所得を増やすことにより、すべての家庭から経済を蘇らせる運動をすることこそが、一番効率的な経済対策ではないだろうか〉

赤字債を発行することも含めて地方の財源を確保し、行政サービスを提供して地方経済を刺激することにより、地方の税収の減少の影響を極力少なくする。ここがポイントだという。

総務省には、日本のどこに生まれ育っても、国民が等しく、インフラの利用や教育、医療・社会保障を受けられることを保障する責任がある。

そして、それは日本経済の活性化にとっても必要なことだ。総務省だけでなく、政府を挙げて取り組むことこそ大事だと言えよう。

現在、コロナ禍によって、東京一極集中が少しずつ見直され始めている。

武田は語る。

「まさに新たな日常の展開。東京に居なくてもオンラインの活用により地方で仕事ができる。大都会でもの凄く高いお金を払ってマンションにしか住めないような状況よりも、その三分の一、四分の一のお金で庭付きの家に住んで仕事ができるほうがいいと考える人も増えている。東京一極集中ではなく、地方回帰、地方分散を促進できるチャンスを結果的にコロナ禍が促した側面はある。分散は、機能の分散だけではなく、人材など資源の分散にもなる」

オンラインの活用による地方への分散化は、かつて田中角栄が訴えた「日本列島改造論」にも通じるものがある。

二〇二〇年一一月一二日の総務委員会で、武田は希望の党の比例近畿ブロック一回生の井上《いのうえ》一徳《かずのり》衆院議員から質問を受けた。

井上は、田中角栄がかつて著した『日本列島改造論』のコピーを示しながら質問した。

「まず一つ目、資料でお配りしておりますが、『日本列島改造論』です。これは、一九七二年、今から約五〇年前に書かれた本です。

これを読みますと、明治一〇〇年、明治元年が一八六八年ですから、それから一〇〇年たった一九六八年の意味ですが……」

井上は、『日本列島改造論』の一説を読み上げる。

「明治一〇〇年をひとつのフシ目にして、都市集中のメリットは、いま明らかにデメリットへ変わった。国民がなによりも求めているのは、過密と過疎の弊害の同時解消であり、美しく、住みよい国土で将来に不安なく、豊かに暮らしていけることである。そのためには都市集中の奔流を大胆に転換して、民族の活力と日本経済のたくましい余力を日本列島の全域に向けて展開することである。工業の全国的な再配置と知識集約化、全国新幹線と高速自動車道の建設、情報通信網のネットワークの形成などをテコにして、都市と農村、表日本と裏日本の格差は必ずなくすことができる」

井上は読み上げると、質問を続けた。

「今読んでも、このとおりです。一九七二年に書かれて、それから五〇年たって、私は、田中角栄元首相の問題意識は、今こそ鮮烈に沸き上がっていると思います。

それで、安倍政権のときにも東京一極集中是正と地方創生ということで掲げられましたが、残念ながら、むしろ東京一極集中は加速化しており、地方衰退も加速化しています。この大きな流れをやはりみんなで力を合わせて変えていかないと、私は日本というのは本当にスカスカの国になってしまうのではないかと思っています。私は、多分、その問題意識は共有できると思います。

東京一極集中是正と地方創生に向けて、もっと力を入れて全員でやっていかないと、私は本当に日本の将来がないと思っていますので、実力大臣たる武田大臣が政治家としてどう取り組んでいくのか、思いを聞かせていただきたいと思います」

井上の質問に対して、武田は答えた。

「均衡ある国土の発展というものを目標に掲げてもう久しくなってきておりますけれども、御指摘のように、一極集中というのが加速化して、地方の衰退というのも加速化して、今となっては大変重大な社会問題となっているんです。

一極集中は、災害リスクというものも伴いますし、また、地方の担い手がいなくなってくるという、地方の力というものも衰退する原因にもなってくる、さまざまな悪影響を及ぼすわけでありますけれども、このコロナ禍の中において、我々は、新たなる日常というものを見出す。この新たなる日常とは何なのかといえば、地方にいてもしっかりと都会の仕事ができるんだ、都会ではちっちゃな高いマンションしか住めないけれども、アパートしか住めないけれども、そのお金があったら、もっと自然環境で豊富な、子供の教育上もいい、環境のいいところに住めるんだ。いろいろな将来の新たなる日常に向けて、我々は、地方への回帰というものを進めていく、一つ一つの努力が大事だ、このように考えております。

さまざまな面で今、地域おこし協力隊はじめ、さまざまな方々が運動を展開していますけれども、今なおまだその解消には至っていないということは、これは国家的問題として位置づけて、我々もありとあらゆる英知を結集して取り組んでまいりたい、このように考えております」

武田は、均衡ある国土の発展を改めて遂げなければいけないと思っている。

ここで田中角栄の『日本列島改造論』に触れておこう。

田中角栄は、一九七一（昭和四六）年七月五日、佐藤栄作内閣改造で通産大臣になった。秘書官には小長啓一《こながけいいち》が就任した。

その年の暮れ、小長は、田中に呼ばれ大臣室に入った。田中は、冬でも扇子をせわしそうにパタパタとあおぎながら言った。

田中は、国土開発に関する自分の考えを熱い口調で語った。

「高度成長時代は、東京へ、東京へ、という流れでやってきた。この流れを放任しておったら、日本はパンクしてしまう。その流れを一八〇度変えて、地方への流れにしなければならない。地方に二五万人程度の中核都市をつくる。それこそが、日本の新しい生き残り戦略の最大ポイントだ。そのためには、地域にそれなりのインフラを整備しないといかん。新幹線鉄道網であり、交通道路網であり、航空路の整備に取り組む」

一九七一（昭和四六）年暮れ、田中角栄通産大臣は、福田赳夫との総裁選を前に、『日本列島改造論』の政策づくりに入れ込んでいた。田中は、国土開発に関する自分の考えを熱い口調で小長啓一秘書官に語り続けた。

「東京に一極集中されれば、地方はどんどん過疎になる。過疎になれば、ますますインフラ整備ができない。日本は、いびつな不均衡発展になる。これは、もう大変なことになる。それを避けることを、今から計画的にやっていかないといけないんだ」

口調は、迫力を増した。

「東京にいれば、酔っぱらって具合が悪くなり、道端でひっくり返っても、すぐに救急車が来て助けてくれる。命に別状もない。同じことをインフラの整備されていない過疎地域でやったら、どうなるか。救急車の数も少なく、すぐには来られない。命を落としてしまう。同じ人間の命で、そういうことがあっていいのか！　どこにいても、ちゃんと命が保証されるということでないと、いかんのではないか！」

田中は、しだいに興奮してきた。

「日本海側は、裏日本と言われているが、そんな差別用語みたいなことを言うのはけしからん！江戸時代以前の帆船だけしかない時代は、日本海側こそ、むしろ交通の要所だったんだ。太平洋側は、船が航行できない。蒸気船ができて初めて、航行できるようになった。昔、立派に栄えたところが、いまや裏日本と呼ばれ、過疎地域みたいな言い方をするのは、おかしい」

ふと気がつけば、小長が通産大臣室に入ってから六時間が経過していた。あっという間の出来事だった。小長は唸った。

〈田中さんは、代議士になって以来、この問題に命を賭けているんだな〉

それから、一日六時間ぶっとおしの田中によるレクチャーが、四日間も続いた。

通産大臣室には、田中がレクチャーする内容に合った官僚たちが、その日ごとに集められた。企業局立地指導課長の浜岡平一をはじめとする関係局の課長、『日本列島改造論』を出版する日刊工業新聞社の記者複数人の合わせて十数人であった。

通産大臣秘書官として四日間、一日六時間にわたるすべてのレクチャーを聞いた小長は、おどろくしかなかった。

それほど、田中の頭の中には、国土開発の構想がしっかりと描かれていた。

〈大臣の国土開発に懸ける思いは、血肉化しているんだな〉

その田中の構想は、白紙だった小長らの脳裏に記されていった。

小長は、コーディネーターとして、田中のレクチャー「六時間×四日間＝二四時間」の真意を取りまとめた。

田中角栄通産大臣が『日本列島改造論』の出版のために語った話はスケールが大きく、はるかに通産省の枠をはみ出していた。

テーマによっては、建設省の道路局や河川局、運輸省の鉄道監督局、経済企画庁、大蔵省の領域のものがある。それら、関係省庁の協力を仰がなければならない。

小長啓一秘書官は、各省庁の担当局長、課長に電話を入れた。

「田中大臣の指示により、産業サイドから見た国土開発をまとめているんですが、資料をいただけますか？」

小長が細かく説明するまでもなく、担当局長や課長は即答した。

「わかりました。あなたが欲しい資料は、××の視点からの××の資料でしょう」

「はい、そうです」

「明日にでも、届けますよ」

あまりのあっけなさに、小長はビックリした。本来なら、通産省の一官僚である小長が、他省の局長や課長に電話を入れ、資料を頼んだとしても、それを受け入れてくれることなどない。それなのに、小長の要求は想像していたよりもスムーズに承諾してくれる。

むしろ、相手側が乗り気になる。

「角さんが、そういうことをする気になったんだ。そうとあれば、全面協力だ」

けっして、田中が根回ししていたわけではない。それでも、小長がおどろくくらい、どの省庁も協力的で、小長のもとに必要な資料を届けてくれる。田中の発想に基づいた最新の資料ばかりだ。小長が客観的に見ても、目新しく写る部分が相当あり、田中がレクチャーした以上の内容まで盛り込まれている。

これができるのも、田中がそれまでに築き上げてきた人脈があってこそのことである。小長は、田中の人脈の広さを思い知らされていた。

〈国土開発のあらゆる省庁に、田中さんの思想が浸透している。そして、田中シンパがいるんだな〉

その集まった最新の資料を整理し、小長はそれぞれの担当者に割り振っていった。その中の一人には、作家、経済評論家、元国務大臣・経済企画庁長官の池口小太郎、のちの堺屋《さかいや》太一《たいち》もメンバーに連なった。大臣官房企画室企画主任の池口には、日本経済の成長率関連の執筆が割り当てられた。

執筆作業は、順調に進んでいた。

一九七一（昭和四六）年が終わり、一九七二（昭和四七）年が明けしばらくしたそのとき、風雲急を告げる事態が起こった。田中の総裁選立候補論が、いよいよ本格化してきたのである。

田中は、このころ突然、言い出した。

「福田（赳夫）さんより先に自分がやることに決めた。政策をまとめた本を、急いでつくりたい」

田中角栄通産大臣の秘書の早坂茂三が、小長啓一秘書官をせかした。

「『日本列島改造論』を、立候補宣言用の材料にする。出版は三月だ。急いで欲しい」

小長は、よけいに情熱を燃やした。

〈この本には、田中さんが代議士になって以来、自分の一生の仕事として取り組んできた国土開発政策の熱い思いがつづられる。このような政策を掲げて戦った総裁候補は、おそらくいないだろう。これまでにない、新しい試みだ。われわれも、頑張らねば……〉

一九七二（昭和四七）年六月二〇日、次期総理をめざす田中の政策構想をまとめた『日本列島改造論』が日刊工業新聞社から出版された。

日本全体の工業化を促進し、日本を均衡化していこうというものである。東京、大阪、名古屋など一部の大都市の経済を発展させるのではなく、全国の経済を発展させる。いわば、地方分権のはしりであった。

公害など環境問題が出てくることが予見されていたが、それを処理すると示した。経済の成長だけではなく、環境問題にも配慮する時勢に合った政策であった。

構成は七章だてで、前半は『明治百年は国土維新』と題し、田中の政治に対する基本認識、国土改造の目的、在来の国土開発政策の反省などの総論を述べている。「人口の三パーセントが国土の一パーセントに住む」「許容量を越える東京の大気汚染」「過疎と出かせぎでくずれる地域社会」などの見出しで、東京圏に人口が集中して過疎・過密化が深刻化していることを訴えた。

後半では「工業再配置で描く新産業地図」「工業再配置を支える交通ネットワーク」「ダム一〇〇〇カ所の建設を」といった見出しを掲げ、新幹線や高速道路など交通ネットワークの構築や大規模工業基地の建設など、人と経済の流れを変える列島改造の方法を具体的に提示した。

そして、はじめの「序にかえて」と最後の七章「むすび」。この二つの部分だけは、田中が自ら筆をとった。

水は低きに流れ、人は高きに集まる。世界各国の近世経済史は、一次産業人口の二次、三次産業への流出、つまり、人口や産業の都市集中をつうじて、国民総生産の拡大と国民所得の増加が達成されてきたことを示している。農村から都市へ、高い所得と便利な暮らしを求める人びとの流れは、今日の近代文明を築きあげる原動力となってきた。日本もその例外ではない。明治維新から百年あまりのあいだ、わが国は工業化と都市化の高まりに比例して力強く発展した。ところが、明治百年をひとつのフシ目にして、都市集中のメリットは、いま明らかにデメリットへ変わった。

田中角栄

同年六月、田中角栄通産大臣の『日本列島改造論』が書店に並んだ。

この本は、なんと八八万部も売れ、ベストセラーとなる。

それから数週間後の七月五日、自民党総裁選挙となった。何とも言えないほどのグッドタイミングでの出版であった。衝撃を与えた田中は、ライバルの福田赳夫を下して総裁に選出されたが、一九七三(昭和四八)年一〇月、第四次中東戦争が勃発。原油価格は一挙に四倍に急騰した。

この深刻な石油危機が、「狂乱物価」と呼ばれた急激なインフレを引き起こし、未曾有の経済危機を展開させた。地価も急上昇を続けた。インフレとオイルショックの二つが、田中角栄の『日本列島改造論』に歯止めをかけることになった。

ワクチン接種に獅子奮迅

序章で触れたように、菅政権では、新型コロナウイルス対策の一環として、ワクチンの迅速な接種を全力で推進している。

二〇二一年四月二三日には、菅義偉総理大臣が記者会見し、ワクチン接種に政府として全力で取り組むことを表明した。

「ワクチンの接種が始まっています。多くの方々に速やかに受けていただくため、できることはすべてやる覚悟で取り組んでいます。まずは医療従事者への接種を早急に終えます。そして、ゴールデンウィーク明けまでには約七〇〇万回分、それ以降は、毎週約一〇〇〇万回分を全国の自治体に配布し、六月末までには合計一億回分を配布できるようにいたします。そのうえで、接種のスケジュールについては、希望する高齢者に、七月末を念頭に各自治体が二回の接種を終えることができるよう、政府を挙げて取り組んでまいります。

自治体の多くで課題とされる人材確保のために、全国の接種会場への看護師の派遣と歯科医師による接種を可能とします。先般の訪米では、ファイザー社のCEOに要請をおこない、本年九月までにすべての対象者に確実に供給できる目途が立ちました。高齢者への接種の状況を踏まえ、必要とするすべての方々への速やかな接種が済むよう、取り組んでまいります」

菅総理は、この会見で七月末を念頭に高齢者の接種を完了することをはっきりと明言した。

武田良太総務大臣は、菅総理が会見で表明した日の晩、ただちに四七都道府県の知事と、一七四一の市区町村長宛てに総務大臣としてメールを送り、総務省として、しっかり支援することを伝え、ワクチン接種への協力をお願いした。

武田が送った「第四号：新型コロナワクチンの速やかな接種について」と題した総務大臣メールでは、各自治体に迅速な接種についての協力も呼びかけている。

惜春の候、都道府県知事・市区町村長の皆様方におかれましては、ご多用の毎日をお過ごしのことと存じます。

さて、新型コロナウイルスのワクチン接種につきましては、これまでも皆様方に、多大なるご尽力をいただいているところであり、深く感謝いたします。

新型コロナウイルスへの対応は我が国の危機管理上緊要な課題である中、ワクチンは、感染症対策の決め手になるものであり、短期間のうちにすべての国民に対して接種できる体制を構築していく必要があります。そのためには、国と地方の十分な連携・協力のもと、接種体制の構築をしっかり進めていくことが重要であります。

本日、菅総理から、来週、ゴールデンウィーク明けには、約七〇〇万回分、それ以降は、毎週約一〇〇〇万回分のワクチンを全国の自治体に配布し、希望する高齢者には、七月末を念頭に各自治体が二回の接種を終えることができるよう、政府を挙げて取り組んでいく考えが示されました。

これから高齢者向けのワクチン接種が進むにあたり、一昨日、菅総理から円滑なワクチン接種に向けて、自治体の支援に万全を期すよう指示を受けました。これを踏まえ、総務省としては、厚生労働省との連携体制を一層充実させるとともに、総務省職員が自治体現場の抱える課題等を丁寧にお伺いしながら、課題や要望については関係省庁にフィードバックを行い、個別自治体の課題解決を促進することにより、ワクチン接種が円滑に進むようしっかり支援していきます。七月末を念頭に、高齢者への速やかなワクチン接種に向けて、皆様方、お一人お一人の一層のご尽力・ご協力をお願い申し上げます。

災害や感染症への対応など、ご心労の多い日々かと存じます。くれぐれも、ご自愛下さいませ。

令和三年四月二三日

総務大臣　武田良太

武田は、それだけでなく、総務省として四月二七日に新型コロナワクチン接種地方支援本部を発足させ、自ら本部長に就任した。

新型コロナワクチン接種地方支援本部は、地域政策課に事務局を置き、本部長には、総務大臣の武田が、本部長代理には、総務副大臣の熊田裕通、総務大臣政務官の宮路拓馬が就任した。副本部長には、黒田武一郎総務事務次官、内藤尚志自治財政局長（現・消防庁長官）、大村慎一地域力創造審議官（現・総務省新型コロナウイルス等対策地方連携総括官）が就任した。

新型コロナワクチン接種地方支援本部では、厚生労働省の自治体サポートチームと連携し、ワクチン接種進捗促進・課題抽出のための調査結果を共有し、個別自治体の取組状況や課題をフィードバックした。

また、四七都道府県の副知事、二〇政令指定都市の副市長と連携するネットワークを構築し、一七四一の市区町村ともあらゆる機会を通じて七月末までに高齢者のワクチン接種を完了させるには、どのような課題があるのか、ヒアリングをおこなうようにした。

さらに武田は、自ら積極的に動いた。

四月三〇日には、武田は、日本医師会に赴き、中川俊男《なかがわとしお》会長、今村聡《いまむらさとし》副会長、釜萢敏《かまやちさとし》常任理事と面会した。

武田は、中川会長たちに対して、新型コロナワクチンの接種について、自治体と各地の医師会がいっそう連携を深めて取り組むことができるように協力を要請した。

「迅速な接種を進めるためには、各地域の医師会の協力が不可欠です。日本医師会からも働きかけをお願いします」

中川会長は言った。

「医師会としても、しっかりやっていきます」

医療行政は総務省ではなく、厚生労働省が所管するため、日頃からの付き合いはなかったが、武田は、自身の政治判断で日本医師会に協力を要請する必要性を感じて、動いた。

武田は会談後、記者団に語った。

「自治体に協力して、接種体制を整えることで合意できた」

さらに五月一八日には、武田総務大臣は、田村憲久《たむらのりひさ》厚生労働大臣との連名で、各都道府県知事と各市区町村長に対して、「ワクチン接種体制の構築にあたって医師会への協力要請について」と題した通知を送った。

通知では、政府として日本医師会に協力の要請をおこない、合意したことや、日本医師会からも各都道府県の医師会長や郡市区の医師会長に対して、ワクチン接種への協力を推進する「新型コロナウイルスワクチン接種事業へのさらなるご協力について」と題する通知が送られたことを伝えている。

総務省のこうした動きや、各地方自治体の頑張りもあり、七月末までに高齢者のワクチン接種を完了させる動きは、当初の想定以上にハイスピードで進んでいくことになる。

二〇二一年五月四日には、読売新聞の朝刊が七月末までに高齢者の接種の完了を終える予定の自治体が全国一七四一市区町村のうち、約六五〇ほどだったのが、四月二八日時点で、全体の約六割にあたる一〇〇〇自治体を超えたことを報じた。

読売新聞によるこの報道がされた時点では、政府としては正式な数字の集計はおこなっていなかった。

が、この報道後、総務省として正式な調査をおこない、連休明けの五月一二日に公表した。

この段階では、「七月末まで」と回答した自治体は、全体の八五・六％となる一四九〇。「八月中」と回答した自治体が、全体の一〇・六％の一八五。「九月以降」と回答した自治体が全体の三・八％の六六であった。

その後、五月二一日に公表された調査では、「七月末まで」と回答した自治体が、前回の調査よりも一二六増えて、一六一六となり、全体の九二・八％となった。「八月中」が、全体の五・四％の九三。「九月以降」が全体の一・八％の三二であった。

六月二日に公表された六月一日時点での調査では、「七月末まで」と回答した自治体が前回の調査よりも一〇二増えて、一七一八自治体となり、全体の九八・七％になり、「八月中」と回答した自治体が、二一で、全体の一・二％に、「九月以降」と回答した自治体は、わずか二自治体で、全体の〇・一％であった。

さらに六月一七日に公表された六月一六日時点での調査では、七月末までに希望する高齢者の接種が完了見込みであると、全一七四一自治体が回答した。

武田良太総務大臣は、この日、菅義偉総理大臣に報告した。

接種体制が整った背景には、総務省による自治体の支援があった。

武田が菅総理の指示を受けて設置した「新型コロナワクチン接種地方支援本部」では、自治体に出向した経験のある職員がかつての出向先に電話などをして、自治体が抱える問題を聞き取るパイプ役となり、各自治体のワクチン接種環境の改善をうながした。

国会では、総務省の動きについて「国が自治体に圧力をかけている」と批判する野党の議員もいた。

だが、武田は冷静に説明し、理解を求めることをこころがけた。

「我々はそれぞれの自治体で、どういう問題がどういう状況で起こったかを検証し、解決するためにどうすればよいか、謙虚に伺っているんです。その実態をどうかご理解いただきたいと思います」

四月末から六月半ばにかけて、高齢者のワクチン接種が進むと、ワクチン接種をめぐる世論も変化をしてきた。

四月の頃には、「政治家から打つべきだ」、「閣僚から試した方がいい」などという声もあった。が、今では、自治体の首長が先に打つと批判されるほど、ワクチン接種への関心が高まっている。

武田自身、ワクチン接種が非常に重要だと思っていた。

また、菅総理の並々ならぬ決意も感じた。それにより、武田自身、まさに川筋者気質に火がついたのである。

武田は振り返って思う。

〈菅総理が四月末に会見した際には、多くのメディアは七月末にできるわけがないと散々批判していた。だが、総理自身が強く決断し、明確な目標時期を示したからこそ、迅速な接種が進んだんだ。菅総理の覚悟が現実をよい方向に変えたのだろう〉

武田は、またこの間の総務省の役人たちの頑張りを見てきて、思う。

〈総務省に何ができるか、を考えて、日々深夜までみんなが必死になって、自治体と連携をとり動いてくれた。総務省が国民のために頑張れることができてよかった。ここまで心一つに目標達成に向け、ひたむきに取り組んでくれた部下に心から感謝したい〉

総務省では、各自治体と日々連携をとって、詳細なデータをあげてもらい、連携を深めていった。

自治体によっては、新型コロナについての危機感の濃淡があった。

やはり感染者が多い自治体は、危機感から早く動いていたが、あまり感染者の多くない自治体は出足が鈍いこともあった。

武田は振り返って思う。

〈この二カ月での総務省が取り組みによって、普段はわからない地方の自治体の実態が見えてくる部分もあった。瓢簞《ひょうたん》から駒ではないが、さまざまな問題が浮き彫りになり、各地の医療体制の状況も把握できた。その部分はこれからの総務省にとって、役に立つ面もあるだろう〉

地域によっては、特定の疾患に罹った場合、すぐに適切な治療を受けることが難しい時もある。そういう地域を今後、どのように改善し、国としてバックアップしていくのか。

武田は、今回の件を受けて、新たに総務省としての役割を感じた。

〈狭い日本列島の中で、住むところにより、命が助かったり、助からなかったりするという事実があることは、総務省としても、今後取り組まないといけない問題になっていく〉

武田は、ワクチン接種の推進のため、今回、たびたび菅総理と意見交換をする機会を持った。

そのたびに、菅総理のひたむきな姿勢に心を打たれた。

また、なかなかワクチン接種が浸透しない状況で、トップリーダーとして明確な目標を自らの責任で示した度胸と決断力に、改めて菅の凄さを感じたという。

菅は、さまざまな批判を浴びていたが、愚痴をこぼすようなことは一度もなかった。ワクチン接種推進のために、腹を括り、取り組んでいるのが伝わってきたという。

政界「秋の陣」——菅政権のゆくえ

自民党のベテラン議員は、菅・二階政権の転覆を図るような動きは今のところ自民党内で見当たらないという。

むしろ、匂いさえないのが実情だ。世相が大きく影響している。コロナ禍に収束の道が見えない今、下手に党内政局で動いても、まとまることは決してない。非主流派の岸田文雄や石破茂も身動きが取れないでいる。万が一、動いて失敗に終われば、致命傷を負いかねない。

岸田や石破が秋の総裁選挙に出るのかどうか。これも定かではない。その時の世情、政界の状況次第だろう。

菅と二階にとっては不倶戴天の政敵である麻生太郎。麻生財務大臣が二人を引き摺り下ろしたいのは山々だろうが、それだけのタマがいるのかどうか。麻生に担ぎ出せるだけの胆力があるかという点にも疑問符がつく。

麻生派の総裁候補・河野太郎は菅と盟友関係にある。現在は閣内で行政改革とワクチンを担当している。一部には「ポスト菅」の最右翼と見る向きもある。

ワクチンを担当している以上、河野は今後の接種に目鼻をつけていかなければならない。鎮静化に貢献し、「よくやった」という評価を引き出すことが使命と言える。

仮に高評価が得られたとして、秋の総裁選への推進力になるのだろうか。これもまた微妙なところだ。

ワクチンで成功すれば、確かに河野自身の評価は上がるだろう。だが、それ以上に任命権者であり内閣の長である菅の存在感が増すのは間違いない。菅は長期政権への足掛かりを十分に整えられる。

いずれにせよ、政界の先を読むのが難しい局面にある。はっきりしているのは二〇二一年に衆議院選挙がおこなわれること。必ずある選挙の顔として菅以上にふさわしい者がいるのか。この点が問われることになる。現在のところ、見当たらない。

コロナ禍を鎮静化できれば、それは菅の手柄だ。秋までにそうした事態になれば、評価は上がり、支持率も伸びる。ますます菅に代わる存在を探すのは難しくなるだろう。

今後、コロナの鎮静化に道筋がつかない場合はどうだろう。その場合、衆議院の解散はできない。任期満了まで持っていくしかない。その時、菅に代わる選挙の顔はいるのか。

そう考えると、岸田や石破、河野が手を挙げるのは菅が官邸を去る時かもしれない。

「俺は降りる。誰か後をやってくれ」

そういう事態になれば、一気に永田町の動きは流動化する。だが、菅が退陣するだけの材料はない。降りるくらいなら、解散して選挙を打つだろう。それでこそ勝負師・菅の面目躍如だ。

菅と二階の関係は依然、良好。政権の基盤は盤石と言っていい。二階は林を通じ、常々、菅にメッセージを送っているという。

「しっかりやれ。党は任せておいてくれ。全面バックアップだ」

コロナ禍が収まってくれれば、経済対策である。菅が打ち出した政策が徐々に前面に出てくる。

そういった意味では菅内閣を取り巻く状況がこれ以上悪くなることはないと言える。

安倍前総理「菅続投」支持

持病の潰瘍性大腸炎の悪化を理由に首相を辞したのが昨年九月中旬。徐々に政治活動を再開してきた安倍は、今春に入ってその動きを活発化させている。

この間、自民党の保守系議員でつくるグループや原発新増設の議員連盟の顧問に就任した他、党の憲法改正推進本部の最高顧問も引き受けた。

四月二二日夜には、東京都内で夕刊フジ主催の憲法イベントにパネリストとして参加。自身の病状について冗舌に語ってみせた。

「レミケードという免疫抑制剤があるのですが、これが大変よく効いて、あと二回くらい点滴をすれば治療も終わる」

憲法記念日の五月三日には、総理退陣後初めて生放送番組のBSフジの「LIVEプライムニュース」に出演。

菅義偉総理を支持する姿勢を鮮明にして政界に波紋を広げた。

「菅総理の新型コロナウイルス対応は評価している。総裁選は去年やったばかりで、また総裁を代えるのか。自民党員なら常識を持って考えるべきで、菅総理が継続して職を続けるべきだ」

「その前に衆院選挙があれば、国民が菅総理を選んでいる。そのあと、党内で代えるのか。それはおかしいと思う」

一連の発言は、菅総理にとって渡りに船だった。

菅総理は周辺に「ありがたいよね」と話した。

二階俊博幹事長は五月一一日の記者会見で、安倍晋三前総理が菅義偉総理の続投を支持したことに関し、賛同する考えを示した。

「政治の安定が一番大事だ。現在首相に対する国民の期待や支持は順調な高まりを見せていると判断している」

佐藤勉総務会長も、その日の会見で、安倍の続投支持について語った。

「非常にありがたく感じた。菅首相以上に喜んでいる一人だ。政局をやっている時期ではないというメッセージだと理解した」

武田良太、今後の一〇年

元田川市議会議員の田丸雅美によると、地元の支持者たちは、武田に総理大臣になってほしいという願望を強く持っているという。

福岡県選出の総理大臣は、これまで広田弘毅《ひろたこうき》と麻生太郎の二人だけだ。

武田は、よく福岡県政などを巡り、麻生太郎元総理との対立が報じられている。

だが、地元の支持者たちは、「麻生太郎、何するものぞ」といった気持ちで、武田のことを応援している人も多いという。

田中六助は、筑豊出身の自分のことを「川筋者」と表現した。

「川筋者」とは、筑豊の炭鉱が遠賀川沿いに広がり、かつて採掘した石炭の輸送に川の水運が利用されていたために、この地域の男たちのことを指すようになった言葉で、常に危険と背中合わせの環境で働く炭鉱の男たちの荒い気性や、見えっ張りな性格を表現している。

田中六助は、自らのことを好んで「川筋者」と名乗っていた。

田丸は、田中六助と同じように、武田自身にも筑豊出身の男としての熱い「筑豊魂」を持っていると感じている。田丸は、今後も、そんな武田のことを応援し続けていく。

いまや地元・福岡県に目を向けても、武田良太の時代が訪れている。本人の考えていることとは別に、福岡県の政界からも財界からも、武田への期待が高まっているのを元自民党幹事長の古賀誠は感じている。

福岡県政界の有力者と言えば、麻生太郎元総理だが、その麻生と武田はところどころで争っているようにも報じられている。

しかし、古賀から見れば、じゃれあっているようなものだ。実際、麻生が自民党総裁選に出馬した時には、武田は二〇人を必要とする推薦人の一人として名を連ねたこともあった。大局に立った時にはたがいに手を結ぶこともできる。

古賀誠は、武田良太にこそ、宏池会の田中六助が繋いだ保守本流の思想をぜひとも継承してほしいと思っている。武田は、保守本流の道を歩んだ田中六助からそのＤＮＡを受け継ぎ、田中角栄の流れを汲む二階俊博という現在唯一無二の保守本流を体現する政治家のもとで活動している。むしろ、保守本流を受け継ぐことは、武田良太の天命といってもいい。

ただ、田中六助から受け継いだＤＮＡが本当に光り輝き、武田自身が持っている図抜けた才能が花を開くのはこれからだ。

もっと高みを目指そうと思えば、戦う相手は大きくなる。一派閥の中で見ていたものが自民党全体を見据え、さらには政界全域へと視野を広げたところでの戦いになる。おそらく一つひとつ段階を踏んでいけば、それだけ妬み、嫉みを受けることも増えるだろう。しかし、たじろぐことはない。

いま古賀が武田に言いたいことは、自信過剰にならないことだ。もっと先の高みを目指すのはかまわない。しかし、そこにばかり目を向けていれば、現在のことがおろそかになる。あくまでも自分はまだ修行の身で、草履取りとして日々に専念する。将来の総理大臣候補と囃し立てるひともいるようだが、そこまでいけるかどうかは、まさに今にかかっている。総務大臣としての苦労も、苦労を重ねることで磨かれる。日々専念すれば、しだいにその期待感は自民党全体に広がり、財界にも広がっていく。

いまは焦らず、この一〇年を過ごす。政治家として自分に磨きをかけつづける。武田には、この一〇年は大事な一〇年になる。それは、古賀から見て、武田がどれほど成長していくかが楽しみな一〇年でもある。

勝負時の同志

武田良太総務大臣は、以前から二階俊博幹事長のことを自派閥内で「おとっつぁん」と呼ぶ。強さもあるが、そうしたところに愛嬌のようなものが見える。

二階は思う。

〈政界は偉いだけではだめだ。仲間から可愛がってもらわねば大きくなれない。そこには「信頼できるやつ」という大前提がある。きっと武田さんも見えざるところで一生懸命努力をしているのだろう。その積み重ねで、だんだん花開いていくものなのだ〉

武田良太のことを嫉妬する者もいる。が、政治家は人々から注目されて成り立つ職業である。だからどうしても政治家として目立つことは妬み嫉みとセットになってしまう。

しかし、そんなことは気にする必要はない。

二階は、武田良太のことを将来性のある若い議員として、早くから注目していた。

〈武田さんは非常に芯がしっかりしていて、何が起こっても右往左往しない、堂々たる指導者の条件を備えている〉

武田は面倒見のよい男だった。二階は、面倒見のよさは政治家として大事な条件の一つだと考えている。

〈いざ決起する時に、五人や一〇人がパッと周囲に集まってくれるようでないと、大きな動きはできない〉

人集めに長けている政治家は案外少ない。二階はこれまでの経験から、あらゆるテーマで気脈を通じている同志が、最低でも五人は必要だと結論づけていた。

また、武田は決断力もあり、仕事が早い。二階は、そうした資質も政治家として大事だと思っている。

武田は、多くの若手の政治家や政治の政界を目指す候補者たちの面倒を見ている。

二〇一六年六月二一日に、総務大臣や法務大臣などを歴任した鳩山邦夫が十二指腸潰瘍のため、都内の病院にて六七歳で死去した。

この時、武田は、鳩山邦夫の次男で、福岡県大川市の市長だった鳩山二郎の将来を邦夫から頼まれた。

鳩山二郎は、邦夫の死去から四カ月後の二〇一六年一〇月二三日に投・開票がおこなわれた福岡県六区の補欠選挙に出馬し、一〇万六五三一票を獲得し、初当選を果たした。

当選した鳩山二郎は、武田の所属する二階派（志帥会）に入会し、その翌年の二〇一七年一〇月の衆院選でも再選している。

二〇二〇年九月に発足した菅義偉内閣では、鳩山二郎は、国土交通政務官に起用され、現在も、二階や武田の指導のもとで、自民党の未来を担う若手の有望株として成長している。

鳩山二郎が武田良太について語る。

「武田先生はコワモテなんて言われたりもしていますが、本当に男気があって優しいんです。『ここまで面倒を見てくれるのか』って思うくらい面倒見がいいから、接していて自然と『武田先生についていこう』という気持ちにさせてくれる存在なんです。

それと政治家としてすごく綿密に仕事をされる方なんです。以前、県連会長時代に、細かく段取りをして、さまざまな方を尊重して仕事を進められていた、という話を訊いたことがありますが、政治家が何か政策をやろうとする時は、どうしても光が当たらない人も出てくることがあるわけです。私も市長時代に心掛けていたのですが、光が当たっていない人にこそ説明を尽くさないといけない。武田先生はそういうところも、きっちり筋を通して、説得を尽くす丁寧さがある方なんです。政治家として、側にいて、とても学ばせてもらっています」

また、中曽根康弘元総理の孫にあたり、中曽根弘文《なかそねひろふみ》元外務大臣の長男にあたる中曽根康隆《やすたか》のことも、武田は目にかけている。

中曽根康隆は、二〇一七年の衆院選に比例北関東ブロックから自民党の単独三〇位で出馬し、初当選を飾った。

二〇二〇年一〇月三日には、中曽根康隆は、群馬県前橋市で会合を開き、各市町村の四〇個の後援会を統轄する連合後援会を発足させた。この会合で中曽根康隆は、次期衆院選に自民党公認で群馬一区から出馬することを目指すと表明した。この会合には武田も来賓で訪れ、激励の言葉を述べている。

武田は、他にも多くの若手の有望株の面倒を見ている。

経済産業大臣や、運輸大臣を歴任した平沼赳夫の次男の平沼正二郎《ひらぬましょうじろう》も、その一人だ。平沼正二郎は、二〇一七年の衆院選で、引退した父親と同じ岡山県三区から出馬し、惜しくも落選した。だが、国政を目指して、次期総選挙に向けて、現在も活動している。

武田自身も、初当選するまでに一〇年という歳月を頑張り、亀井静香や森喜朗、山﨑拓、二階俊博などさまざまな政界の先輩たちの支援を受けて、政治家としての活動を続けてきた。

今後は、自分のことだけでなく、若手議員や、将来の政界入りを目指す若い人たちをさらに支援していきたいと思っている。

「武田総理」待望論

かつて武田が秘書として仕え、学んだ亀井静香は思っている。

〈武田くんは、うまくいくと総理大臣になる〉

武田は人当たりがよく、義理人情をわきまえていた。頭もいいが、それを鼻にかけることもない。亀井が見る限り、若手の中でずば抜けて優秀だった。

武田と同じ当選回数の代議士で、競争相手になれるのは加藤勝信官房長官くらいだ。

亀井の見立てでは、武田のライバルになり得る若手は他に一人もいなかった。

亀井は、石破茂にも期待していた。が、最近は凄みがなくなってしまい「どけ、おれがやる！」といった気迫や信念が感じられない。中枢の人間から嫌われまいとしているのだろう。が、そんな考え自体が間違っていた。

亀井静香の眼力からすれば、武田良太の世代で競争相手になり得るのは、自民党なら加藤勝信、野党なら国民民主党の玉木《たまき》雄一郎《ゆういちろう》代表の二人だけだ。

亀井は、玉木のことを買っている。

〈彼には打たれ強さがある。風見鶏的なところもなく、芯がしっかりしている。玉木くんはなかなかの人物だ〉

亀井は吠えた。

「そろそろ、武田のために動くか……」

閣僚になった武田良太を見て、森喜朗は思った。

〈こうして見てみると、閣僚の中で武田くんが一番安定感がある。やはり長い間勉強してきた甲斐があったな〉

武田は机に向かう勉強ではなく、ディベートや演説など実践的な勉強を熱心にしていた。それが活かされて、人との対応や物事をうまくまとめる能力を存分に発揮している。

森は思った。

〈武田くんはこれから必ず頭角をあらわす。次代のリーダーになることは間違いない〉

日本の未来のため、大胆な改革を

このように、武田のことを将来の総理大臣候補として期待する政界関係者は多い。

では、武田自身は、将来の日本をどのような国にしたいというビジョンを持っているのか。

現在、日本を含めた世界は、変革の大きなうねりの中にある。

特に先進諸国において少子高齢化が進み、また、かつてない甚大な洪水や台風など地球規模で自然災害が激甚化・頻発化している。

加えて、アナログからデジタルへの移行は急激に進んでいる。

この中でも、特にインパクトが大きく、広範囲に影響を及ぼすのが「デジタル化」である。例えばビジネスの世界では、デジタル情報通信が標準化したことで、それまで問屋や小売業者を介してつながっていた生産者と消費者が、いまや直接結びつき、売買をおこなうようになっている。それと同じように、行政でも、デジタル化が進めば、国民にとっての利便性が高まることはもちろん、業務の効率化・スリム化が図られるだろう。ここで生み出される余力は、「資源」である。資源はすなわち「人材」、「財源」となる。

この資源は、日本の未来の鍵となる。防災・減災対策、産業の国際競争力強化、次世代育成、先端技術の研究開発、新たな成長戦略への投資などに、この「資源」を戦略的に投じていきたいと武田は考えている。

また、少子高齢化、オンライン化の進展など社会の変化にあわせ、今までの国、都道府県、市町村それぞれの行政機関の在り方や、相互の関係についても、絶えず見つめ直していく必要があるのではないだろうか。特に自然災害などの危機対応を念頭において、柔軟性をもち、機能を十分に発揮できるような行政機構の実現は大きな課題であろう。

デジタル化などの時代の潮流を正しくとらえ、前もって手を打つ。その責任の一端は総務省が担っており、責任を果たす覚悟でいる。

社会の変化がもたらすインパクトは大きい。想像を超えるような大きな改革が、近い将来に必要になるだろう。それには、反発も強いことは十分に予想される。

しかし、〝筑豊魂〟に燃える武田は、強い意欲を示す。

「大胆な改革には、強い抵抗がある。しかし、政治家は自らの信ずる理想があれば、それに対する抵抗があってこそ燃えるものだ」

おわりに

執筆にあたって、武田良太総務大臣に、三年にわたり長期の取材協力をいただきました。

また、青柳一郎、安倍晋三、今林久、亀井静香、古賀誠、菅義偉、田丸雅美、永原譲二、二階俊博、鳩山二郎、林幹雄、森山裕、森喜朗、山下哲夫の諸氏（五十音順）、その他名前を明かすことのできない多くの関係者の取材協力をいただきました。お忙しい中、感謝いたします。

本文中の肩書きは、その当時のもの、敬称は略させていただきました。

また、『10年の滑走路』（武田良太著、ジュピター出版）、朝日新聞、産経新聞、日本経済新聞、毎日新聞、読売新聞、西日本新聞の各紙を参考にいたしました。

なお、拙著の『自民党の気になる面々』（角川文庫）の一部を、再編集しました。

二〇二一年七月

大下英治

MdN新書
024

総務大臣《そうむだいじん》　武田良太秘録《たけだりょうたひろく》

2021年8月11日　初版第1刷発行

著　者　大下英治《おおしたえいじ》

発行人　山口康夫
発　行　株式会社エムディエヌコーポレーション
〒101-0051　東京都千代田区神田神保町一丁目105番地
https://books.MdN.co.jp/
発　売　株式会社インプレス
〒101-0051　東京都千代田区神田神保町一丁目105番地
装丁者　前橋隆道
DTP　メディアタブレット
印刷・製本　中央精版印刷株式会社

カスタマーセンター
万一、落丁・乱丁などがございましたら、送料小社負担にてお取り替えいたします。
お手数ですが、カスタマーセンターまでご返送ください。

落丁・乱丁本などのご返送先
〒101-0051　東京都千代田区神田神保町一丁目105番地
株式会社エムディエヌコーポレーション　カスタマーセンター　TEL:03-4334-2915

書店・販売店のご注文受付
株式会社インプレス　受注センター　TEL:048-449-8040／FAX:048-449-8041

内容に関するお問い合わせ先
株式会社エムディエヌコーポレーション　カスタマーセンターメール窓口 info@MdN.co.jp
本書の内容に関するご質問は、Eメールのみの受付となります。メールの件名は
「総務大臣 武田良太秘録　質問係」としてください。電話やFAX、郵便でのご質問にはお答えできません。

Senior Editor 木村健一

ISBN978-4-295-20193-9　C0231